中国经济文库·应用经济学精品系列

国家社会科学基金项目资助
河南师范大学学术专著出版基金资助

The Institutional Arrangement and Route Choice of Harmonious Development in Urban and Rural Areas

城乡统筹发展的制度安排与路径选择

张 秋◎著

中国经济出版社
CHINA ECONOMIC PUBLISHING HOUSE
·北 京·

图书在版编目（CIP）数据

城乡统筹发展的制度安排与路径选择 / 张秋著. --
北京：中国经济出版社，2019.12（2020.11 重印）
ISBN 978-7-5136-5394-7

Ⅰ.①城… Ⅱ.①张… Ⅲ.①城乡一体化-发展-制度安排-研究-中国 Ⅳ.①F299.21

中国版本图书馆 CIP 数据核字（2019）第 263725 号

责任编辑 焦晓云
责任印制 马小宾
封面设计 任燕飞

出版发行 中国经济出版社
印 刷 者 北京建宏印刷有限公司
经 销 者 各地新华书店
开 本 710mm×1000mm 1/16
印 张 12.25
字 数 181 千字
版 次 2019 年 12 月第 1 版
印 次 2020 年 11 月第 2 次
定 价 58.00 元
广告经营许可证 京西工商广字第 8179 号

中国经济出版社 **网址** www.economyph.com **社址** 北京市东城区安定门外大街 58 号 **邮编** 100011
本版图书如存在印装质量问题，请与本社销售中心联系调换（联系电话：010-57512564）

PREFACE

前 言

改革开放以来，我国“三农”问题不断凸显，已经引起国家和社会的高度关注，党和政府也将其作为工作重点，制定和实施了一系列城乡统筹发展措施，如取消农业税、实施城市反哺农村战略等。但是，城乡二元分割的状态并没有得到根本性的改变，城乡差距依旧较大，城乡统筹发展的效果也不尽如人意。究其原因，既有历史的，又有现实的，既有经济方面的，又有政治文化方面的，还有制度方面的。

城乡统筹发展，就是要对城市和农村的经济社会发展进行整体统一规划，因此，一切涉及城乡人口和经济要素自由流动的制度都会影响城乡统筹发展。有效的制度安排会促进经济发展，无效的制度安排则会抑制甚至阻碍经济发展。为了缩小城乡差距，促使城乡协调发展，我国制定了城乡统筹发展战略，这一战略的实施与制度安排密切相关。城乡统筹发展要想取得成功，相关的制度安排就必须合理有效，能够促进生产要素的重新集聚。

在工业化发展过程中，一些国家的城乡关系之所以比较协调，一个重要原因就是它们制定并实施了一系列向农村、农民倾斜的制度，支持农村、农业的发展，保护农民的利益，使农民在再分配中受到“照顾”。这些制度安排与缩小城乡差距、实现城乡统筹的目标一致，促进了城乡的统筹和协调发展。国外城乡协调发展的制度安排，为农民、农村提供了激励性的、宽松的社会条件，提高了人们劳动的主动性、积极性和创造性，从而促进了农村经济发展。

21世纪以来，我国制定并实施了一系列与城乡发展相关的制度，但与其他城乡关系比较协调的国家相比，我国的这些制度安排对农村、农民的倾斜力度显然不够，与缩小城乡差距、实现城乡统筹的目标还不相适应，不利于城乡差距的缩小和城乡统筹发展。我国户籍制度经过不断改革，虽已取消农业户口和非农业户口的划分，但原来不同性质户口上绑定的福利权益尚未完全剥离，户籍制度下的隐形福利权益差异与农民的阶层捆绑在一起，依然对农民自由流动具有一定的阻碍作用。劳动就业制度中存在的各种限制性条件使农民工在社会生产和生活中处于不利地位，而农业生产也相对落后，城乡劳动力资源难以得到优化配置。农村土地制度的所有权主体模糊、土地流转机制不完善等限制了土地的正常流转，延缓了农村人口的城镇化和市民化。社会保障制度的城市偏向导致社会保障资金更多向城市居民倾斜，而不是向最需要得到保障和救济的农村居民倾斜。财税制度的缺陷使得财政资金大量投入城市，农村得到的较少，农民承担了过多的负担和责任，但享受的权益却较少。因此，必须对制约农村发展的制度安排进行革新，才能真正解决“三农”问题，实现城乡协调发展。

许多国家，如美国、日本、韩国、印度等，在工业化发展过程中，都经历过城乡失衡，它们通过采取一系列改革措施，实行适度向农村、农民倾斜的制度安排，促进了城乡协调发展和社会稳定。本书作者在借鉴其他国家城乡统筹制度安排经验的基础上，从我国现实出发，试图探索一条适合我国国情的城乡统筹发展路径，具体包括：①深化户籍制度改革，统筹城乡居民迁徙权；②改革农村土地制度，赋予农民土地流转权益；③建立城乡统一的劳动就业制度，促进农民就业；④拓宽社会保障覆盖范围，统筹城乡社会保障制度；⑤建立城乡统筹的财税制度，统筹城乡公共服务建设。本书内容可为我国城乡统筹发展提供一定的参考和借鉴。

CONTENTS

目录

第1章

绪　论

1.1 研究背景与意义

1.1.1 研究背景

改革开放以来，我国在社会、经济等各方面都取得了显著成绩，居民生活水平不断提高，但是，我们必须清醒地看到，我国社会发展中依旧存在很多问题，如贫富差距扩大、区域经济发展不均衡、产业结构调整升级缓慢等，尤其是农村发展的落后对国家现代化的束缚日趋明显，解决“三农”问题已经成为 21 世纪我国发展战略的主要目标之一。我国提出到 2020 年全面建成小康社会的奋斗目标表明了我国全面建设农村、推进农村健康发展的决心与勇气，这也体现了“三农”发展的目标性价值理念，既构成了“中国梦”的实质性内容，也体现了社会公正与和谐发展的首要价值。除此之外，农村的发展还具有工具性价值，即可以在整体上带动国家的发展。农村可以通过劳动、资金、生产要素的提供以及消费市场的扩大、升级来支持整体经济的发展。

鉴于我国的特殊国情，尤其是在新中国成立伊始，千疮百孔的社会现实使我国无法在短时间内实现快速、均衡的发展，为此，国家实行了非均衡战略，通过发展城市经济来实现国家的基本稳定和发展。这种城市偏向性政策的确适应了当时中国的现实国情，对于国家政权的稳定、人们生产生活的正常进行都起到了举足轻重的作用。长期的城市偏向政策促进了城市发展，却也造成了农村生产力落后的现实，包括农业生产效率低下、农业产业结构升级缓慢、剩余劳动力就业困难等。另外，农民收入增长缓慢，人均可支配收入及购买力不足，农村整体的社会事业发展滞后，社会保障范围较小，生产、生活及教育设施落后，城乡收入差距不断扩大，由此引发社会歧视及社会矛盾升级。

既然农村发展不利的局面是由我国长期实行非均衡战略所造成的，那么现在的发展就应该从非均衡转向均衡，通过城市反哺农村来实现社会和谐、全面发展。故而现阶段所强调的“三农”问题，是关系到小康社会全面、顺利实现的战略性、全局性问题。无论从理论上还是现实意义上来说，重视并逐步实现城乡二元经济结构的转变都势在必行。

经过近些年的努力，我国城乡统筹发展已经取得了一些成绩，但是二元经济发展模式尚未彻底转变，农村发展仍有很多制度上的限制，政府及学术界也都在为探索一条适合中国农村发展的道路而不断努力。正是在这样的背景下，笔者对城乡统筹发展进行了相关研究，尝试从制度的视角探讨城乡统筹的发展路径，并提出相应的发展对策。

1.1.2 研究意义

1.1.2.1 理论意义

“三农”问题涉及农村发展的政治、经济、文化、民主、教育等多个领域，也为多学科的介入奠定了基础，因而也就产生了多种解决对策和发展路径。其中，统筹发展战略或路径是目前最为常见、流行的一种方案。那么，究竟如何才能实现城乡统筹发展呢？相关的制度安排和改革措施显得尤为重要。制度本身可以作为一种稀缺资源，具有成本与收益的要素特质，其对社会经济的发展具有重要推动作用。因而，本书从制度经济学的角度切入，旨在通过理论与实证研究，剖析城乡二元结构形成的背景及原因，找出羁绊农村发展的制度缺陷，为农村发展提供政策建议。

1.1.2.2 现实意义

新中国成立以来，长期非均衡发展战略形成的城乡二元结构体制造成了当今的“三农”问题，而“三农”问题的解决也必须从制度安排入手，通过政府的介入，并与市场调节相辅相成，才能有效促进农村发展。因此，对农村的相关制度进行重新调整与设计是关键。本书通过剖析城乡统筹发展中制度方面的原因，强调了利益协调机制的作用，在中外城乡一体化发展对比的基础上，提出了适合我国国情的制度创新框架与内容，通过户籍制度、土地制度、就业制度、财税制度等一系列制度的调整来推进中国城乡一体化的发展。本书为有步骤地解决“三农”问题、促进城乡统筹发展提供了基础研究材料，为城乡统筹发展政策的完善提供了借鉴。

1.2 城乡统筹发展的国内外研究评述

1.2.1 国外有关城乡统筹发展的研究

国外关于城乡统筹发展研究的文献并不多见，且多以一体化的内容或形式加以概述，如“integration”（一体化），但这个词和“Urban-rural”（城乡）放在一起使用的情况却很少见，常用的词语是“Economic Integration”（经济一体化）。由此可以看出，我国提出的城乡统筹概念比西方的经济一体化概念更为广泛，不仅涉及经济，还涉及政治、文化、民主等多领域的发展。另外，西方在20世纪80年代以后的地理经济学领域还常用“城乡融合（和解）”（Urban-rural Composition）一词来描述城市和乡村的共同发展，其含义是指1950年以后西方发达国家在产业转移过程中形成了城市和乡村的混合发展过渡区，该区域具有两个地区的混合特征，类似于我国的城市郊区，并不断向外辐射，直至达到共同发展。综合西方的研究成果，其中典型的理论主要包括以下六个。

1.2.1.1 恩格斯的“城乡融合”理论

“城乡融合”理论是恩格斯在对农村和城市进行相关研究之后提出来的，其主要思想是“通过消除旧的分工，进行生产教育、变换工种、共同享受大家创造出来的福利，以及城乡的融合，使全体成员的才能得到全面的发展"①。恩格斯在这里主要强调了通过生产方式和科技的发展，重点消除城乡之间的对立，积极倡导与建立社会各阶级间的平等，直至阶级差别消除。此外，恩格斯还突出强调了人口分布的融合与协调。恩格斯认为，当社会发展到共产主义阶段时，阶级差别和阶级压迫都会消失，而区域差别，尤其是城乡差距也会随之消失，人们的差异只是分工的不同，而没有阶级的对立。当然，工农对立、城乡对立的消除也需要通过教育、分工的改善，以及社会财富的积累和人们文化素养与民主意识的提高来解决。也只有这样，城乡间的有机融合才能真正实现，人们才能真正获得全面自由发展。

1.2.1.2 杜能的"农业区位"理论

杜能在其代表作《孤立国同农业和国民经济的关系》中多次提到"农业区位"理论，旨在提倡运用地理经济学的相关研究基础和方式来阐述产业转移的路径及其对区域经济发展的辐射式影响。他指出，土地利用成本和类型与距离城市市场的远近有关。另外，杜能还认为农作物的种植地域分布与城市市场紧密相关，与市民收入、商品价格、需求偏好关联性较强，因而在种植区域分布上会形成类似于同心圆环带状的种植特征，农作物种植的组合与经营方式也十分丰富。为了将其理论简单化，杜能还形象地提出了一个"孤立国"假说，假定存在一个独立、肥沃的平原孤立国，且该国只有一个都市，都市只能为乡村生产工业产品，不能自己生产农作物，其所需的农产品由外围的乡村供给，都市与乡村分工明确。具体而言，杜能将城市外围的土地分为六个等间距环带地域，不同地域的地租因距离市场的远近而不同，因而种植物会根据成本的多少分布在不同的带状地域。该假说提出了土地的市场价值与农作物的空间种植分布规律，并形象地说明了城乡分割状态下资源的分布特征。

1.2.1.3 埃比尼泽·霍华德的"田园城市"理论

"田园城市"理论是由埃比尼泽·霍华德（Ebenezer Howard）提出来

① 马克思恩格斯全集（第4卷）［M］. 北京：人民出版社，1995：371.

的。埃比尼泽·霍华德是一位著名的城市与规划学专家，他通过“田园城市”理论阐述了城乡一体化思想。他的知名著作《明日的田园城市》极力倡导城乡的融合发展。他认为，城乡虽有各自的发展优势，但它们各自的缺陷也十分明显，两者的发展绝不能走对立、孤立的路径，而应该是扬长避短、相互协调地进行。他还生动地描述了在城乡一体化发展模式下，人们会更多地享受到社会发展的福祉，侧面刻画了社会发展的目标及价值。霍华德的城乡一体化思想得到了经济学家刘易斯·芒福德的高度赞赏，后者认为该理念走在了社会发展的前列，具有极大的社会引领价值。多年后，刘易斯·芒福德又进一步指出，城乡的发展不能彼此孤立，两者对社会的贡献同等重要，理应有机结合起来发展。

1.2.1.4 刘易斯的“二元经济结构”理论

阿瑟·刘易斯作为美国著名的经济学家，以其二元经济结构理论为我们提供了城乡一体化发展的新思路。在《劳动力无限供给下的经济发展》一文中，他深刻剖析了城乡对立发展的现实环境，以及劳动力、技术进步等生产要素的资源禀赋对发展的重要意义。他认为，两个部门构成了发展中国家典型的二元经济结构发展特征：第一，在二元经济结构下，技术有两种，一种是使用资本的技术，另一种是不使用资本的技术。第二，作为传统部门，尽管农业部门生产效率低下，但其对整个国家的经济发展仍具有重要意义。第三，农业部门的劳动力只能依靠微薄的收入维持家庭的最低生活标准，农村存在大量的剩余劳动力，具备为生计随时迁移的意愿。城市的工资收入高于农村，在工资差异的推动与吸引下，农民流入城市的心理预期非常明显。在对比了迁移收益和成本后，农村具备为城市提供剩余劳动的动力和源泉。

20 世纪 60 年代初，费景汉和拉尼斯两位学者在刘易斯研究的基础上得出了著名的刘易斯-费-拉模型，该模型的核心是将经济发展过程划分为三个时期：第一个时期，农业部门采用传统耕作模式，生产效率十分低下，农村存在大量的结构性、季节性失业，大量剩余劳动力处于浪费状态。因此，劳动力的外流或迁移不会给农业总产量带来影响，这也为现代部门扩张所需劳动力提供了一个前提条件，即刘易斯假说中的劳动力可以无限供给。第二个时期，农业部门的生产效率有所提高，且边际生产率大于零，但劳动者的收入增长率并不高。若此时农业剩余劳动力大量迁移，并不会严重影响农业生产，反而会提高劳动者的收入。农村劳动力的流动在一定程度上会使农业总产量不升反降，农产品价格也会随之升高，进而导致生活成本提升，工业部门的工资也必然随之上涨。第三个时期，现代部门的扩张为农业剩余劳动力提供了广阔的就业空间，劳动工资的上限应由劳动的边际产值确定，但总的情况是两部门的工资水平都有所上涨，国家的工业化程度会进一步提高。依此逻辑，经济发展的难点在于第二个时期，倘若此时工资的上涨速度超过了农业部门的商业化速度，在剩余劳动力还未充分被吸收时，社会就会发生通胀现象，最终会将现代工业部门的扩张扼杀在摇篮中。费景汉的解决方案是将新技术引入农业部门，提高农业生产效率，降低甚至消除因劳动力转移而给农产品总量带来的影响。

1.2.1.5 普雷维什的“中心-外围”理论

1945年，劳尔·普雷维什在其代表性报告《拉丁美洲的经济发展及其主要问题》中明确提出，发达国家作为“中心”先发展起来，然后带动“外围”的欠发达国家发展，这一理论被称为“中心-外围”理论。中心发达国家作为技术创新的领先者和传播者，在利益的驱动下，不断将其技术向外围传播，进而形成产品的优势地位，并达到垄断市场的目的。发展中国家作为技术的接受者，在一定程度上处于被动地位，受制于技术领先国，因而成为我们常说的依附国。另外，从产品及生产技术的角度分析，中心国家之所以处于控制地位，是由于其生产和出口的产品具有较高的技术成分，发展中国家为了模仿和应用，必须进口这些产品，这就不可避免地会造成利益分化，发达国家获得的利益多，而发展中国家获得的利益相对较少。再加上发达国家与发展中国家在工农业生产率上存在较大差距，发展中国家越来越依赖中心国家的技术，进而形成经济上的“马太效应”，这也是“二战”后发展中国家发展的现实及路径。为了摆脱这种不平等的分工依附地位，发展中国家应不断调整自身经济结构，突出自身优势，并扶助幼稚型产业的发展。所以，普雷维什的“中心-外围”理论适用于研究城乡发展中的相互关系，也适用于研究一个国家或地区内部的经济发展规律。

1.2.1.6 缪尔达尔的“地理空间二元论”

缪尔达尔在其巨著《经济理论和不发达地区》中详细分析了区域经济发展在地理区位分布上的二元特征。这部巨著是引领我们研究城乡关系的不朽之作。在该巨著中，缪尔达尔通过分析“扩散效应”和“回流效应”，概括了区域经济发展中二元经济结构特征形成的原因和机制。他从要素流动的特征入手，指出资本、人员、技术等要素的趋利性流动使贫困国家的要素流向富有国家，发达国家的现代商品不断流向贫困国家，这样利润分配会使得富国更富、穷国更穷，贫富差距不断扩大。为此，政府需要通过相应的制度改革促使落后地区尽快摆脱被动地位。

还有一些学者主张用“区域城市”的理念发展城乡关系，即用区域交通网络覆盖地域发展，促进要素流动，降低流通成本，进而形成公平的利益分配格局。与之对应的东北交通轴理论也是如此，该理论认为，城镇集聚地之所以处于交通的交叉点，就是为了降低信息搜集、货物流动的成本，这与亚当·斯密的观点也一致。

总之，从恩格斯以阶级对立论角度论证城乡融合发展，到近现代经济学家们所倡导的城乡一体化等理论，无不阐释了世界城乡一体化发展的大同理念。除了以上城乡一体化发展的基础理论，还有很多学者从现实的角度进行了实证研究和对策研究，多数理论认为，国家与社会发展的基本规律是：城市由农村发展而来，之后两者出现了分裂，甚至对立；城市充分发展后，这种分离与对立开始缓和，城市的先进技术、产品，乃至生产要素和各类市场都需要农村的广泛支持，因此城市与农村需要进一步融合与协调发展，最终达到步调一致。20 世纪 70 年代，发展中国家因为整体落后并未出现城乡发展不均衡的状态。为了破除旧格局的束缚，落后国家在取得政治独立后纷纷走上工业改革的道路，普遍实行“重工轻农”的发展战略，从而促使工业完成原始积累，弥补外汇储备和资金的不足。农村发展的长期抑制和被剥夺状况导致城乡差距不断扩大。20世纪中期以来，多数发展中国家在基本解决温饱问题，甚至还未真正脱离温饱时就开始思考自身的经济发展之路。难道一定要重复经历发达国家的发展之路？这些国家在不断探索各自发展路径的同时，都对单纯“重工轻农”的思想进行了反思，认识到畸形发展不会带动国家走向稳定、富强和均衡。在长期的发展实践中，很多学者注意到二元经济结构的存在严重限制了农业现代化及城乡关系的协调发展。许多发达国家的学者在研究发达国家走过的道路的基础上，也深入分析了发展中国家普遍存在的“二元”结构问题。针对亚洲一些国家的落后情况，麦基（McGee）进行了一系列实证研究，并发表了自己独有的见解。他认为，必须从区域综合发展的层面来理解城乡关系，消除城乡差距应该通过城乡一体化来实现。在对泰国城乡关系进行研究的基础上，麦克·道格拉斯（Mike Douglass）指出，城乡一体化好比一个网络系统，该系统的主要任务是推动城乡共同发展。莫瑞塔（Murata，2002）用二元经济结构理论对发展中国家进行研究，发现三次产业之间的关系应该保持在一定的速度及程度内，否则整体经济可能会面临发展失衡的危险。赫特尔·托马斯（Hertel Thomas）和范翟（Fan Zhai，2003）用制度经济学的范式对我国产生城乡差距的原因进行了剖析，认为消除城乡二元化格局的关键是通过土地制度和户籍制度改革来促进农业生产效率的提高，实现人口有序流动，提高就业率。还有很多学者从未来发展的角度设想了“工作在城市，生活在农村”的社会生活方式，这种实际距离及虚拟距离决定了城乡差距消除的时间，也为城乡统筹发展提供了一种新的研究视角。

1.2.2 国内有关城乡统筹发展的研究

2002年党的十六大召开，在这次大会上，我国政府提出了城乡统筹发展战略，并把解决“三农”问题作为理论与实践的指导思路，充分体现了对城乡协调发展的高度重视。之后，很多学者对该领域进行了研究。

1.2.2.1 城乡统筹发展的内涵

城乡统筹发展战略被提出后，很多研究人员对此进行了研究，仅城乡统筹发展的内涵就产生了不同的观点：顾益康（2003）从城乡配套改革入手，认为城乡统筹的含义就是用市场经济与政府引导并重的方法，加强城乡配套改革，形成一体化发展态势，以此来实现经济结构的调整和城乡的均衡发展。陈锡文（2003）指出，城乡统筹发展内涵广泛，囊括很多内容，涉及国家经济发展的各个方面，只有当各种发展政策都能统筹进行时，城乡的和谐才有保障。陈希玉（2003）在刘易斯的“二元经济结构”理论基础上构建了统筹发展的框架，认为城乡统筹的关键是摒弃城乡分治的思维，通过建立健全各种社会体制来实现城乡全方位的改革，只有这样，才能真正实现城乡一体化。所以，城乡统筹内涵丰富，包括经济、社会、民主及文化等多方发展的协调。鞠正江（2003）认为，统筹发展包括三个层面的含义，即经济资源的统筹、政治资源的统筹和社会资源的统筹。马珂（2011）认为，城乡统筹不仅涉及软环境，如教育制度、户籍制度的发展，而且涉及硬环境，如财政转移等。另外，城乡统筹还应包括人口、资源、环境、经济和社会各个方面持续、动态的协调。

1.2.2.2 城乡统筹发展的现实意义

很多学者对城乡统筹发展的意义与必要性进行了研究，主要观点如下：①部分专家将城乡统筹发展看作关系国家宏观经济发展、城市反哺农村及“三农”问题的重要战略（刘奇等，2003；韩俊，2004；石忆邵，2004）。②陈钊、陆铭（2008）等从反向角度论证了二元分割的内生机制及后果，认为二元体制最终会导致城市化发展落后于工业化发展，若要改变现存城乡非均衡发展的局面，必须纠正以城市利益为核心的畸形政策，包括人口政策、财政政策、就业政策等，否则就可能导致整体经济最终低速或畸形发展，不利于社会公平与和谐。③部分学者在某一理论框架下，从中微观角度论证城乡统筹的意义。田新民等（2009）运用新古典经济理论分析了区域经济发展的适度人口承载，认为经济增长和收入差距缩小是促进农村快速发展、缓解城乡发展不均衡的有效途径，如在基础教育、基础设施及农村社会保障等方面的投入会成为新的投资增长点，同时也会促进整体经济发展，为城市发展提供广阔的市场空间。章元等（2011）通过实证论证了城市化率与城乡收入差距之间的关系，认为社会问题之所以经常发生就在于两者间呈反向关系，只有城乡统筹发展了，城市化才能顺利实现。

1.2.2.3 我国城乡发展不协调的现状及原因

长期以来的城市发展战略导致城乡差距不断扩大，部分学者针对这种差距的细节展开了研究，对引发差距的原因进行了分析，主要观点如下：一是现状研究，主要论述城乡发展中存在的各种差距及其程度。例如，叶兴庆（2003）详细分析了城乡差距的表现，如收入差距、卫生差距及社会保障差距等。在具体差距程度的测量上，采用了基尼系数、熵系数、变异系数等统计指标。二是关于城乡差距形成原因的分析。例如，叶兴庆（2003）认为，农民的税收负担过重，加上公共资源过多地投向城市，导致农村获得的财政资金过少，在自我资金积累不足、税收繁重的情况下，农村会陷入贫困的陷阱。章国荣、盛来运（2003）认为，城乡收入差距过大不可避免地会使城乡消费差距、内部差距及地区差距发生分化，生产效率差距扩大的原因是城乡产业结构存在差异，若国家偏向城市的政策与体制不发生变化，这种差距就会不断扩大。郭玮通过实证与规范分析也得到相同的结论，认为这种政策导向上的差距在现实中表现在诸多方面，在公共投资领域如社会福利、财政转移、公共设施等尤为明显，长期实行的二元化非均衡策略是造成城乡差距扩大的主要原因。还有一些学者从政策的角度论证了城乡差距的成因。例如，张丽艳等（2005）、李禄俊（2010）从户籍制度改革的角度，王元璋等（2003）、赵芳（2010）从城乡劳动力就业的二元结构特征角度，耿卫新（2011）从国家对农村基本公共服务投入的角度，还有很多学者从土地制度、社会福利等角度论证了城乡差距存在的原因及表现形式。

1.2.2.4 推动城乡统筹发展的思路与对策

有关城乡统筹发展对策的研究非常多，政府及学术界都进行了有益的探讨和实践，具体成果总结如下：

一是倡导建立平等、公正的新型城乡关系，认为消除二元结构是城乡统筹发展的核心内容。韩俊（2003）认为，城乡统筹发展涉及政治、经济、文化等多方面，任重而道远，但其核心就是如何设计一套行之有效的政策来消除城乡的对立、孤立发展关系，建立一种平等而和谐的互助关系。

二是倡导消除劳动力市场分割，避免“同工非同酬”的劳动歧视。钟甫宁（2003）认为，农民收入低下的原因除了就业制度的歧视之外，还有农村劳动者的人力资本水平普遍低下、受教育程度较低。为此，改变收入不平等应该从就业制度改革入手，彻底摆脱歧视现象，加强在职教育和普通教育，提高农民的受教育程度，增加人力资本积累存量，广泛创造就业机会，增加农民收入。景天魁（2003）等认为，解决劳动力市场分割，应该从解决大量农村劳动力就业问题入手，即为农村剩余劳动力创造大量就业机会，为此，需打破二元性的社会就业体制，建立城乡统筹的就业机制，保证农村剩余劳动力能在农村内部、城乡之间、行业之间有序、合理流动，从而为提高劳动力收入奠定基础。罗斌、殷善福（2001）通过对山东和江苏两省的部分地区进行社会调查，剖析了农民工就业方面的统筹问题，力主完善劳动力就业市场，强调建立劳动力就业的有效交易机制是从根本上解决农村劳动力收入低下、就业渠道不畅和避免受到“同工非同酬”歧视的主要途径。此外，陈文科（2011）等还从就业市场的统筹规划、加强农民工就业培训等角度论证了提高农民收入的办法。

三是在县域经济发展中寻找城乡统筹发展的路径。城乡统筹发展纵然受到国家各类宏观政策的影响，但具体执行的顺利与否还是取决于各地区，尤其是基层县级发展的好坏，毕竟各地区的自然、人文、产业布局等资源禀赋和区位优势各不相同。许经勇（2003）认为，县域经济的发展与壮大是有效实现城乡统筹的关键。城乡统筹发展中的资源整合、产业布局整合、市场及社会各方面的整合都需要有一个发展平台，而县城正好成为城乡社会经济改革的联系点，可以直接实现城乡对接发展。刘志澄（2004）根据县域经济发展的特点提出，只有真正了解和把握县域经济的内涵，真正认识到工农协调发展的重要意义，才能在尊重客观现实的前提下，积极创造条件，主动解决问题，真正促进城乡共同繁荣，这也是发展、壮大县域经济的必由之路。所以说，县域经济的发展与城乡统筹的发展是密不可分的，是将大政策融入小方案。因此，加强县域经济的发展，是关系国家整体发展的“底座”，也是国家发展战略能否顺利实施的关键，更关系到城乡改革的成败。

四是从现有社会体制改革入手，解决城乡分割，促进城乡统筹。制度与体制的变革具有惯性，城乡分割的解决必须立足于现有政策的变革，而不能着眼于未来用一整套新的制度体系来完成。因此，部分学者主张从现实出发，对各类涉及农村发展的制度进行改革，以缩小城乡差距。例如，顾益康（2003）提出，应通过调整分配结构来实现城乡统筹发展。“三农”问题长期得不到有效解决的关键在于发展策略的不统一，为此，需建立一套全方位的政策体系，涉及经济、劳动力结构等，重点是抓好国民经济的分配及结构调整，彻底改变以往的城市偏向性政策。韩俊（2003）也同意上述观点，主张调整国民收入分配结构和财政支出结构，重点向农业、农村倾斜，尤其是农业基本建设一定要跟上去。此外，要加强农业科学技术的研发与推广、增加农民教育培训投入，或通过财政政策完善农业发展资金的投入与管理体制等。宫晓霞（2006）、叶金国（2015）等从完善社会保障制度的角度进行研究，认为福利差距的缩小可以有效解决民生问题，通过提高农村居民素质提升其可行性，进而增加农村居民收入和就业机会，改变其不利的发展地位，缩小城乡差距。葛蕾等（2015）强调要素交换的平等性，提出防范通过价格“剪刀差”剥夺农民利益的行为；同时提出建立平等、完善的农村金融服务体系，促进金融要素的合理流动，提高农业产业的生产效率，推动二元经济的消除。另外，维护农民土地收益及土地使用权、消除二元劳动力就业体制和调整国民收入分配格局等也是缩小城乡差距的有效举措。

五是通过提高农民专业化组织程度来统筹城乡发展。在扩大农业规模化生产方面，农民专业化合作组织具有农业家庭经营不可比拟的优势，有利于提高农民收入、降低农业生产风险，是缩小城乡差距的有效途径之一。范泽春（2004）通过对农村合作生产组织进行调研发现，农业发展落后的主要原因是农业生产规模较小、生产效率低下、抗风险能力不足，因而在产品市场的交换中处于不利地位。为此，只有通过大力发展各类农村合作组织，提高农业产业竞争力，才能摆脱传统农业的不利地位，增加农产品附加值，提高农民收入。因而，当下的重点就是快速发展农产品行业协会和农民合作服务组织，积极探索、支持农村合作社发展，在资金、技术、人员等方面给予倾斜。颜华（2004）认为，农村合作社作为该战略实施的有效载体，其发展加快了城乡发展的速度，对农民的经济利益具有明显的保护作用。合作社的发展扩大了农业生产规模，提高了竞争力，解决了资金不足、技术落后、产销脱节、规模效益低下的弊端，给农村其他社会生活注入了活力。除了农业合作社，农村、农民生活中也可以建立其他形式的合作组织，如医疗合作、养老保障合作、金融合作、技术合作等，以此为契机，促进农村生产、生活的彻底改善，缩小城乡差距。

六是以城镇化建设为契机，实现城乡统筹发展。城镇化建设在国家的新农村建设和实现小康目标战略中占据重要地位，也是区域经济发展的前沿重点，涉及经济结构、就业、土地流转、民生等内容。许经勇（2003）认为，“三农”问题难以解决的核心是就业市场的歧视，从而导致了农民收入的不平等。要解决这一问题，需要在县域经济发展的基础上，推动城镇化的进程，通过多种政策的融合，以城镇化建设为载体实现城乡统筹战略。许毅（2004）、吴海峰（2006）等从不同角度论证了城镇化建设对城乡统筹发展的积极意义及实现途径。他们认为，城镇化建设在城乡统筹发展中具有网络碉堡作用，城镇连接着城市与乡村的政治、经济、文化、民生等诸多内容，“三农”问题的解决首先要从现代化的城镇建设开始。为此，大力发展城镇化建设，不但可以形成新的投资热点，有利于生产要素的合理流动，而且有利于扩展和完善农村市场、增加农村消费需求、促进宏观经济目标的实现。城镇化建设的发展对于社会保障体系、农业的产业化经营和农村教育制度的完善都有促进作用。因此，积极探索多元化发展的城镇化道路，完善各具特色的城镇体系是促进城乡融合与资源优化配置的有效途径。张晖（2012）认为，在分析比较城乡统筹发展不同模式的基础上，不同地区应根据自身情况进行各具特色的小城镇建设，特别要注意城乡资源协调配置，以促进产业结构优化升级。

1.2.3 对已有研究的评价

国外城乡一体化发展的理论相对比较成熟，这对我国城乡统筹发展具有重要的借鉴意义。一体化发展理论虽在概念和内容上与城乡统筹存在差异，也没有直接论及城乡统筹发展问题，但它对于城乡关系问题的研究，尤其是研究该问题时所采用的方法及研究视角还是给了我们颇多启发。例如，众所熟知的刘易斯等的二元结构论就非常深刻地剖析了发展中国家所出现的城乡对立的根源，并设计出了一套消除差异、实现一元化发展的方案，这与我国的城乡统筹问题较为接近。另外，缪尔达尔的理论对促进我国城乡统筹发展也具有重要的指导意义。但是，我们也应该意识到，国外的理论大多是对发达国家城乡关系发展的经验总结，这些经验不能直接被我国引用或效仿。我们必须清醒地认识我国的发展实际，基于我国国情进行选择与创新，才能制定出符合我国实际的发展策略。

随着我国改革开放的深入，国内对于城乡统筹发展问题进行研究的文献也颇为丰富，政府及学术界的研究与实践呈现出多学科、多层次、多角度、多种方法的特点，为政府构建城乡统筹发展策略提供了有益的参考。但是，城乡统筹的建设过程充满未知数，这些研究远不能满足现实的需求。综合而言，国内的主要观点存在以下问题：①城乡统筹研究的片面性和非系统性问题较为明显。尽管我国学者提出了很多关于城乡统筹发展的主张与策略，但是与城乡统筹发展的实际需要还是有相当的距离。这项系统工程需要多种政策措施共同配合，而我们的研究则显得较为分散、不成系统，故而我们的理论研究还有提升的空间。②对国外城乡一体化进行研究的较少，进行国际比较、总结国际经验的也不多，而对这些进行研究能为我们提供有益的借鉴。③从制度层面研究城乡统筹发展的理论成果还不多见。在对前人相关研究进行梳理的基础上，运用制度经济学的研究范式来剖析城乡统筹发展的机理和实现路径，通过研究我国城乡统筹发展中的制度安排缺陷，并借鉴世界其他国家城乡统筹制度安排的经验，提出了我国城乡统筹发展的制度路径选择。

1.3 研究内容与方法

1.3.1 研究内容

第 1 章：绪论。主要论述本书研究背景与意义，国内外文献评述，以及本书的主要研究内容与研究方法等。

第 2 章：城乡统筹发展概述。本章从城乡统筹战略的提出出发，主要分析城乡统筹的本质内涵和实践要求。城乡统筹主要就是经济和社会两大方面的统筹，具体包括经济、文化、政治及社会事业四个维度的统筹发展。城乡统筹发展的核心是城乡要素自由流动，其关键在于进行制度创新。

第 3 章：城乡统筹发展中制度的作用机制。本章主要从制度及制度创新的基本理论出发，研究制度安排及制度创新在城乡统筹发展中的作用，重点是将制度作为经济发展的内生参数，分析制度对城乡统筹发展的促进与溢出效应。城乡统筹发展，就是要对城市和农村的经济社会发展进行整体规划、通盘考虑。因此，一切涉及城乡人口和经济要素自由流动的制度都会影响城乡统筹发展。城乡统筹发展要想取得成功，相关的制度安排就必须合理有效，能够提供有利于生产要素重新集聚的制度创新机制。

第 4 章：我国城乡统筹发展的历程与现状。本章从我国城乡统筹发展的演进出发，主要分析城乡统筹发展的现状。城乡统筹发展到现在大致经历了三个阶段，城乡一体化的制度框架已经初步形成，“三农”问题得到了一定程度的解决。但我国的城乡差距仍然存在，如城乡收入差距依旧较大、城乡消费水平与结构差距显著、城乡居民所享受的基本公共服务依然差距明显等。

第 5 章：我国城乡统筹发展中的制度安排及其对城乡失衡的影响。本章以实证的手法，以现实为依据，通过对比分析论证我国城乡统筹发展中的制度缺陷及其对城乡发展的制约，主要涉及户籍制度、农村土地制度、劳动就业制度、社会保障制度和财税制度。

第6章：城乡统筹制度安排的国外经验及借鉴。本章通过梳理美、日、韩等发达国家和印度等发展中国家的城乡发展实践，总结出一些成功经验和做法，并从户籍制度、农村土地制度、劳动就业制度、社会保障制度和财税制度五个方面对我国和其他国家的城乡统筹制度进行比较，找出异同，以期为我国现时期城乡统筹发展提供参考和借鉴。

第7章：我国城乡统筹发展的路径选择。本章在借鉴其他国家城乡统筹制度安排经验的基础上，从我国现实出发，试图探索一条适合我国国情的城乡统筹发展路径，如：深化户籍制度改革，统筹城乡居民迁徙权；改革农村的土地制度，赋予农民土地流转权益；建立城乡统一的劳动就业制度，促进农民就业；拓宽社会保障覆盖范围，统筹城乡社会保障制度；建立城乡统筹的财税制度，统筹城乡公共服务建设等。

1.3.2 研究方法

本书主要采用了理论分析与实证分析相结合的研究方法。具体而言，在分析过程中，采用文献梳理法、历史对比法对前人的研究成果、国内政策的变动等进行剖析，发现问题，找出规律。通过实证分析，对前文所述理论进行验证。在研究范式上，主要运用制度经济学的相关分析方法，并结合政策学的理论和方法进行策略设计，突出政策建议的实用性。

第2章

城乡统筹发展概述

20世纪70年代末，中国拉开了农村改革的序幕，经历了多年的改革后，农村生产关系得以理顺，生产力得以提高。之后，政府将农村改革的成功经验运用到城市改革中去。1993年以后，我国城市改革不断取得成功，工业化和城市化进程不断加快，而农村生产力却维持原状，从而导致城乡差距不断拉大。为了实现国家宏观经济发展战略及社会的均衡发展，2002年党中央提出了“全面建设小康社会”的奋斗目标，呼吁社会各界重视“三农”问题，并着力进行城乡统筹建设。自此以后，城乡统筹发展、理顺城乡关系就成了新时期国家发展的重要内容。本章从城乡统筹战略的提出出发，主要分析城乡统筹的内涵和实践要求。

2.1 城乡统筹战略的提出

我国城乡二元结构的形成具有深刻的历史背景。在新中国成立之初及之后的发展过程中，世界政治、军事、社会与经济环境对该格局的形成具有决定性作用，这种渐进式形成的历史局面在强大的惯性下历经了不断固化的过程。具体而言，新中国成立初期，我国在国际上受到孤立，主要交往的国家就是社会主义阵营中的兄弟国家，其中苏联对我国的发展具有重要影响。苏联模式的核心是优先发展重工业，以实现赶超。这种以城市、重工业为发展重点的战略部署，即在基本民生问题得到保障的前提下，倾全国之力发展钢铁、机械、军工等基础工业和重工业。为了保障赶超战略的实施，我国相继制定和出台了一系列促进城市发展的政策，以此来限制农民向城市大规模流动。最终，这种发展战略造成了社会的畸形发展：以户籍制度为核心的福利分配模式，使粮食供应、住房供给、社会保障等都偏向了城市，城乡分割严重，二元结构体制由此形成。“文革”期间，大批干部与青年被下放到农村，但并没能改变这种城乡分割的二元格局。“文革”结束后，为了尽快改变经济落后、政治混乱的不利局面，我国开始实行改革开放，以农村土地改革为起点，逐步放开市场，并延伸到城市。在改革开放的过程中，这种城乡二元结构受到了不同程度的冲击，也发生了波动。中国城乡二元结构的演化经历了四个阶段。

2.1.1 形成阶段（1949—1957年）

新中国成立之初的前三年是我国国民经济恢复的重要时期。为了尽快摆脱常年战乱所造成的经济凋零、社会混乱等不利局面，尽快安定人民生活，国家允许资本主义生产方式及资金存在，从而形成多种经济成分并存的状况。在农村，允许土地私有制存在，也允许富农经济存在。在生产要素上，允许土地、劳动力、资本等自由流动、买卖，农村人口也可以自由流动。此时，允许城乡工商业自由发展，资本也可以自由借贷。为了稳定和保证居民的饮食生活，政府对农副产品与工业产品的比价相当重视，通过适当提高农副产品的收购价格来保障农民的基本利益，防止城乡对立加剧。与此同时，为了提高农民生产的积极性，政府还在农村进行了免除地租、提高农副产品价格等一系列改革，旨在改善农民生活、扭转传统的城乡关系。

1953年以后，这些改革措施便不再继续实施，我国的改革重点开始转向对工商业的社会主义改造，对经济政策也进行了全方位的调整，此时开始实行限制农村劳动力、资本、土地等生产要素自由流动的政策。1953年末，为了社会主义改造的顺利完成和维护社会稳定，鉴于生产资料和生活资料的短缺，政府针对粮食等主要生活用品实行了统一收购与供应计划，以统购统销的模式对粮食进行统一管理、收购和供应。该计划的实施将农民的剩余粮食集中到国家手中，用于支持工业体系的建设和城市的发展。国家对粮食销售实行严格控制、统一管理，禁止私商自由经营。随着1955

年国家开始发行粮票，粮食定额供应政策的实施效果进一步显现。

从经济学角度看，政府定价分为保护价和限定价，而对农民的产品进行限价的政策违背了市场的价值规律，“统购统销”从某种意义上说就是剥夺了农产品的附加值。这种政策还延伸到其他制度领域，促进了二元体制的形成，如户籍制度，为了加快城市工业的原始积累，农业人口被严格地限定在原区域。1956 年的合作化运动，导致全国的生产和劳动被统一计划管理，农民的自由流动与就业权利进一步受到限制，二元结构特征越发明显。可以说，全国农村的合作化运动，通过统购统销政策，极大地推动了二元社会经济结构的初步形成。

2.1.2 巩固发展阶段（1958—1977 年）

我国在 1958 年开始了大规模的人民公社化运动，该运动通过所有制的变更和组织管理两个途径强化了城乡二元社会结构的形成。高度集中的公有制使得农民没有什么家庭私有财产，农民共同参加劳动，按照人头和工分进行产品分配，且其户籍也被强化固定下来，农村劳动力不得随意离开原居住地。人民公社化运动对农民的生产、生活、思想及行为进行了全面的组织与控制。在计划经济体制下，城乡间的要素流动完全被行政干预政策主导，这虽然在一定程度上促进了重点产业的发展，但体制的弊端在后期也逐步暴露出来。三年困难时期，为了防止灾情蔓延，维护社会稳定，国家进一步强化了统购统销和户籍登记制度，从而巩固了城乡二元结构。例如，20 世纪 50 年代末，中央及国务院对户籍制度进行了调整，将人口分为农业户口和非农业户口，并对农业户籍人口进行迁移限制，进一步加剧了城乡对立的局势。依据库兹涅茨指数分析，第三世界国家的二元经济结构强度最大为 4.09 倍，而 1977 年我国的二元经济结构强度竟高达 6.08 倍左右。所以说，1978 年以前，我国在计划经济体制下实行的统购统销、人民公社和户籍制度极大地强化了我国的二元经济结构，且拉大了城乡差距。

2.1.3 改善阶段（1978—1984年）

1978年党的十一届三中全会召开以后，我国率先在农村进行改革。农村家庭联产承包责任制的落实与推广，促使人民公社瓦解，到1983年，该制度彻底退出历史舞台。1984年以后，全国普遍进行了土地制度改革，农民生产的积极性被充分调动起来，生产力得到了解放，生产关系进一步理顺，农民的收入也有了一定提高。与此同时，国家对农产品价格的控制进一步放松，只针对部分必要的农副产品继续统购统销，实行政府定价，其余农产品基本实现了市场定价。农产品价格的提高，对城乡收入差距的缩小具有现实意义。除此之外，国家对农村基层行政组织也进行了改革，以使其更好地为农村服务。例如，1982年底，人民公社制变更为乡镇体制，这也是我国农村最基层的行政组织，它的建立与发展更好地推动了我国基层政府服务职能的转变。

在农村改革如火如荼开展的同时，国家也开始了城市改革。这种以农村改革为导向、城市改革相呼应的渐进式改革，对解放我国整体生产力具有重要意义。城市改革以放权让利、扩大企业自主权、改革劳动就业制度以及推行城市综合配套改革等为主，减少政府行政干预、引入市场机制成为当时改革的重点。这些改革措施有效地缓解了我国城乡对立的局面，使城乡居民间的收入差距不断缩小。例如，1978年改革初期，城乡人均收入之比为2.57∶1，到了1984年，则变为1.84∶1；城乡居民的人均消费额比也从1978年的2.9∶1下降到1984年的2.3∶1。此外，在人均住房条件、食品消费的恩格尔系数等方面，城乡差距也在不同程度地缩小。

2.1.4 反弹固化阶段（1985—2001年）

上一阶段城乡差距缩小的原因是农村改革的成功释放了生产力，而城市改革只是处于试验阶段，从某种程度上说，城市改革的道路是很不平坦的，故而城乡二元结构体制有所松动。但是，1985年以后，中国城乡二元结构又开始出现反弹与固化，城乡差距进一步拉大。究其原因，是该阶段的改革主要以城市为重心，城市改革进程的加快使其充分享受到了改革成功所带来的利益，而农村的改革却停滞不前，城乡间差距在多维指标上又重新扩大并被固定下来。例如，1985 年城乡居民收入差距为 1.86 倍，到 2001 年则扩大到了 2.90 倍，城乡居民消费水平差距也从 1985 年的 2.2 倍扩大到 2001 年的 3.6 倍。这种经济差距不断扩大的现象非常明显。此外，其他领域的差距也十分明显，具体表现在城乡教育投资、医疗保障覆盖范围、文化娱乐设施等方面的差距日益扩大。可以说，20 世纪 80 年代中期的城市改革取得了一定成功，但农村的改革却止步不前，进而促进了二元格局及城乡差距的继续扩大，二元社会体制特征更加明显。

1985 年以后，国家的改革重点是城市，因而将各种资源的配置偏向了城市。首先是收入分配的偏向。国家对工资改革的偏向主要体现在提高了城市企业、机关、事业单位职工的工资，职工工资中的各类补贴占工资的比重越来越大。相关数据表明，1985—1992 年国家对城市居民的粮、棉、油、肉和其他补贴总金额由期初的 268 亿元提高到了 322 亿元，排除物价因素的影响，城镇居民的生活补贴和实际生活水平都有大幅度提高。在其他社会福利方面，政府也实行了城市偏向政策，如养老金的拨款、医疗保险及设施的建设、教育经费投入等，农村受益很小，而城市却广泛受益。

在城市偏向政策快速推进的同时，国家对农村的农副产品及流通体制也进行了改革：统分统包制开始解体，被合同订购和市场收购所代替，城乡要素交换的模式也开始转型，市场的重要程度逐步增强。但 1985 年的财税制度改革对农村产生了消极影响。具体到教育领域，改革前国家对农村学生的财政补贴（中学生人均 31.5 元，小学生人均 22.5 元）被取消，改由农民自筹经费支付，即通过“三提五统”中的教育经费进行补贴。这意味着农村教育由农民自己出钱办，减轻了国家的负担，却加重了农民的负担。这严重违背了教育的外溢性及公共投资的发展规律，导致城乡差距扩大。例如，20 世纪 90 年代初，农村医疗保障范围小且标准不高，国家投入的经费仅为 3500 万元人民币，是城市该类支出的 4‰，农民人均医疗经费补贴不足 4 分钱。该阶段的城乡居民收入及消费差距不断扩大：1985—1992 年，城乡居民收入之比从 1.86：1 扩大到 2.58：1，城乡居民消费额之比也从 2.2：1 上升到了 2.9：1。

1992 年党的十四大会议召开，部署了市场经济体制改革的战略。城市、农村都开启了以市场经济体制改革为导向的战略改革。城市以收入分配、社会保障、工资与就业制度改革为核心，通过职工收入所得税的减负增加居民福利，并进行了丰富多样的新型养老、医疗和失业等社会保障制度的探索。农村以农副产品价格改革为核心，探索粮食价格机制的建立与保护，主要目的是减轻农民负担、增加农民收入。1993—1996 年所制定实施的政策，有效地缩小了城乡收入差距。1997 年以后，面对通货紧缩，国家对产业结构进行了调整，致使下岗职工增多，劳动力市场上供过于求的问题非常严重。为了缓和就业矛盾，国家再次实施向城市倾斜的政策，尤其是 1998 年以后，城镇职工连续几年的加薪，城市基础设施的大力修建，进一步拉大了城乡之间的差距。例如，1998—2001 年，国家通过发行国债筹集 5100 亿元资金进行基础设施建设，但是城乡在该资金中的分配比例为 98.9：1.1，农村仅获得了 56.1 亿元。此外，该阶段出现了农产品价格过低、产品过剩、税负过重、农民工就业困难等问题，严重影响了农村发展，二元结构得到强化。

21 世纪初，工业化和城市化进程进一步加快，为了扭转城乡二元结构格局，并使城乡一体化战略成为新的经济增长点，2002 年，党的十六大提出了“全面建设小康社会”的奋斗目标，呼吁社会各界重视农业现代化的发展，增加农民收入，促进城乡经济社会的统筹发展。

自此以后，城乡统筹发展成为我国城市化进程中的一项重要战略，其主要目的是通过缩小城乡差距来消除改革开放所带来的负面影响，使全国人民都能享受到改革所带来的好处，避免城乡差距进一步扩大。党的十六届三中全会又突出强调了区域与经济社会的统筹、人与自然的统筹、国内外发展的统筹等要求。党的十六届各次会议以及十七大会议等都明确了城乡统筹发展的内容，由理念、战略不断向实际操作层面推进，城乡统筹发展已经成为我国各项事业发展的头等大事，并不断得到具体落实。

2.2 城乡统筹发展的内涵界定与基本内容

2.2.1 城乡统筹发展的内涵

城乡统筹发展涉及多个方面，应从整体上来看待城乡关系中的经济、社会与环境等多维因素。在各项因素的发展中，一定要用系统论的理论去筹划，避免片面、局部的发展观，杜绝以往的二元论思想。只有摆脱了“重城轻乡、重工轻农”的倾向，才能真正实现城乡一体化的发展。我们要从要素构成的角度去界定城乡统筹发展的内涵，主要包括经济、文化、政治及社会事业四个维度。

2.2.1.1 统筹城乡经济发展

经济统筹是城乡统筹的核心，是其他三个要素统筹的灵魂。城乡统筹的重点就是紧紧围绕经济的发展，突出土地、资金、技术、劳动力等生产要素的流动与统筹，实现生产要素在城乡之间合理、公平和科学地配置，扭转长期以来通过价格差剥夺农民利益的不公平现实，保证农民平等地享有资源权。因此，该项统筹的核心就是建立价格补偿机制，保证农民的生产要素收益权，包括土地收益权、融资平等权、就业与工资福利的权利及技术享用权等。

2.2.1.2 统筹城乡文化发展

文化要素的统筹对于缩小城乡差距非常重要。物质生活的改善与提高虽然能够解决温饱、满足人们的生理需求，但是精神生活品质也不能忽略，它应该与物质生活相协调，更好地服务于人的全面发展，这本身就是文化发展的功能与意义。在影响经济发展的各种因素中，生产要素与资源的丰富与否直接决定了经济发展的速度，但文化建设对经济发展而言也不可忽视。首先，文化建设可以通过技术的革新提高生产效率，这是新古典理论与现代经济增长理论的核心差异。比如，企业家资本、人力资本均能提高人的生产效率，建设人力资本主要是通过教育投资形成，若没有文化教育，劳动力是难以适应现代化生产的。其次，文化建设通过提高人们的参政、议政能力，激发居民对社会发展的充分认识，为制度的诱致性变迁奠定基础、提供动力。因此，在实施城乡统筹战略时，必须高度重视文化建设、文化投资及文化发展的统筹，通过教育机会和文化建设的均等化，提升农民的可行性能力，进而影响其他方面的建设，突出文化教育的溢出效应，这样才能真正促使城乡共同发展。

2.2.1.3 统筹城乡政治发展

政治发展是城乡统筹不可或缺的内容。经济学中的制度和现实中的政治从某种程度上说是一致的，制度就是各种政治力量博弈的结果，也是社会价值取向的主要标志。而制度作为一种生产要素，对经济发展的作用早已得到经济学家们的认可，也得到了我国改革实践的证实。因此，我们所追求的城乡统筹发展就是一种包括政治良好发展的社会改革，它能让全体人民享受到同等的国民待遇，其生存权、人格权、政治参与权等都能得到公平的对待，这样“一切权利属于人民”“人民当家做主”的政治口号才有坚实的基础。我们的改革，就是要改变农民不能平等地接近和获取政治资源的现实。通过政治改革，可以提高农民的政治思维和行事能力，只有这样，才能真正实现城乡协调发展。

2.2.1.4 统筹城乡社会事业发展

社会事业发展的统筹对于城乡统筹也是十分必要的。社会事业的发展，尤其是社会保障等的良好发展是社会稳定的缓冲器，也是社会进步与发展的价值目标取向。社会发展，除了包括经济的快速稳定增长、民主政治的良好发展、文化建设的发展与普及，还应包括社会事业的健康发展，这也是城乡统筹发展的主要内容之一。具体而言，社会事业的发展可以从文化、教育、卫生、社会保障、环境等方面入手，这些方面的差距在农村发展中已经成为“瓶颈”，城乡差距的扩大也直接受其影响，并且与城乡统筹的其他内容相互联系、相互制约。例如，农村教育事业的落后直接导致农民受教育程度较低、人力资本存量较少，进而限制了农民获取、接受经济和政治资源的能力及可行能力。又如，农村基础设施建设的落后，影响到了农村生产、生活环境，也导致农村资金、技术的获取途径较窄，劳动就业和创业困难，再加上农村优秀劳动力、资金技术等生产要素的外流，进一步加大了农村自我发展的难度。由此可见，大力发展城乡社会事业对于缩小城乡差距具有重要意义。

2.2.2 城乡统筹发展的核心

城乡统筹发展的核心是使城乡要素自由流动。通过生产要素的自由流动，可减少不平等的分工方式，按照市场的要求实现生产要素的边际报酬，这样才能真正做到消除城乡二元体制，实现城乡统筹发展。但鉴于农副产品附加价值低、投资大、收益慢的特征，城市的生产资源难以流向农村，工农业的投资回报率差异导致了城乡分割的现实。长期实行的城市偏向政策，降低了农民的自我积累能力与机会。在当今社会，若只依赖政策号召，很难真正实现要素资源的自由配置，所以，应通过强制性制度变迁和诱致性制度变迁，确保生产要素按照市场的要求合理流动，实现要素边际报酬的平等分配：一是要建立健全劳动力市场，实现“同工同酬”，建立劳动力就业预警机制，避免劳动力的无效流动和失业。同时，要对劳动力进行就业培训，提高其从业技能，不断完善就业环境，充分保障劳动者的合法权益，最终达到增收创收的目的。二是要不断完善农村金融市场，积极培育新型信贷关系，广泛扩展投融资渠道，减少呆账死账的出现，提高金融利用和服务效率。同时，还要广泛吸收工商资本和民间资本，积极争取国家财政资金的支持，破解农村金融资本短缺的难题。三是要继续深化农村土地市场改革，积极探索农村土地流转改革，以此推动农业生产的规模化经营，提高农民的抗风险能力。在政府征用或者商业征用土地时，要根据市场土地价格标准，实行市场定价的用地补偿，合理推进农用地的有序流转与使用。

2.2.3 城乡统筹发展的关键

城乡统筹发展的关键在于进行制度创新。近年来，我国采取了一系列措施来缩小城市和农村之间的差距，但固化的城乡二元体制依然存在，城乡差距依旧较大。在城乡关系上，相关的制度安排还存在一定的缺陷，不利于城乡差距的缩小和城乡统筹发展。户籍制度经过不断改革，虽已取消农业户口和非农业户口的划分，但原来不同性质户口上绑定的福利权益尚未完全剥离，户籍制度下的隐形福利权益差异与农民的阶层捆绑在一起，依然对农民自由流动具有一定的阻碍作用。劳动就业制度中存在的各种限制性条件使农民工在社会生产和生活中处于不利地位，农业生产也相对落后，城乡劳动力资源难以得到优化配置。农村土地制度的所有权主体模糊、土地流转机制不完善等限制了土地的正常流转，延缓了农村人口的城镇化和市民化。社会保障制度的城市偏向导致社会保障资金更多向城市居民倾斜，城乡社会保障水平差距较大。财税制度的缺陷使得财政资金大量投入城市，农村得到的较少，农民承担了较多的负担和责任，但享受的权益却较少。因此，只有对制约农村发展的制度进行革新，才能真正解决“三农”问题，实现城乡协调发展。

城乡统筹发展的主要内容之一就是实现各项统筹目标，这就需要制度创新的支持与保障，所以，制度创新以及制度的落实是城乡统筹发展的关键。改革开放 40 多年来，各类城乡发展政策与制度在城乡关系变迁上发挥着重要作用，但时过境迁，很多制度安排已经不适应当前的社会经济环境，不能为改革开放护航，所以，加快制度创新、结束羁绊城乡协调发展的束缚显得尤为重要和紧迫。目前，与户籍制度相关联的社会保障制度、劳动就业制度、土地制度、财税制度等还存在一定的缺陷，与社会经济发展不相适应。国家已经出台了取消农业户口与非农业户口的相关政策，但各地执行情况不同，且与之相应的其他制度安排并没有及时做出调整，因而单纯的户籍制度改革并不能维护农民的根本利益。在就业市场中，二元的劳动力市场依旧存在“同工不同酬”，性别、城乡或地域歧视，农村剩余劳动力的就业及福利保障也依旧存在旧的思维模式和用人模式。在农村土地市场中，土地使用权流转和土地交易补偿等制度依旧不完善，无法从根本上保障农民的财产权益，农民“被流转”“被市民”等问题仍然没有得到根本性的解决，城镇化建设任重而道远。在社会保障及福利制度中，农民的医疗、养老等制度虽不断得到完善，保障标准也在不断提高，但是仍然无法与城市的福利制度相比，无论是保障的覆盖面还是保障的水平，都有较大差距。所以，如果我们不能及时、科学、合理地进行以城乡协调发展为目标的制度创新，城乡间的差距就不能从根本上消除。多年的改革经验告诉我们，我国现在正处于社会经济转型时期，改革的内容涉及方方面面，且已经积累了丰富的经验，以往缝缝补补式的渐进式改革需要提速，否则社会变革就无法适应经济改革的要求，“三农”问题也就不能彻底解决。

总之，制度创新既是我国经济发展的重要推力，也是城乡统筹发展成功的关键。

2.2.4 城乡统筹发展的实质

城乡统筹发展是相对于传统体制下城乡分割的二元结构而言的。在实施了几十年非均衡发展战略以后，城市反哺农村的实力已经具备，何况若不走城乡统筹发展之路，城市的发展也必然受到羁绊。所以，无论从宏观发展战略、社会公平的角度，还是从城市快速发展的角度来看，都应该尽快实现一体化发展。城乡统筹发展战略是一个有机的整体，我们应该运用系统论，对城乡的经济、政治、社会和文化等进行高度融合与统筹，从全局的角度去理解和把握工农业关系、城乡关系，各种政策的制定与实施也要通盘考虑、综合协调，使之相互促进、协调发展。我们认为，城乡统筹发展的实质就是从机会均等的角度去支持农村发展，既要关注起点公平，也要看重过程公平，更要注重结果公平。具体到发展实际，就是要合理规划城乡发展布局，加大力度调整国民收入格局，积极推动生产要素的合理流动，不断提高农业生产效率和农民收入，优化城乡关系。

第3章

城乡统筹发展中制度的作用机制

所谓城乡统筹发展，就是要对城市和农村的经济社会发展进行整体规划、通盘考虑。因此，一切涉及城乡人口和经济要素自由流动的制度都会影响城乡统筹发展。有效的制度安排会促进经济发展，无效的制度安排则会抑制甚至阻碍经济发展。为了缩小城乡差距，促使城乡协调发展，我国制定了城乡统筹发展战略，这一战略的实施与制度安排密切相关。城乡统筹发展要想取得成功，相关的制度安排就必须合理有效，能够提供有利于生产要素重新集聚的制度创新机制。本章从制度及制度创新的基本理论出发，研究制度安排及制度创新在城乡统筹发展中的作用。

3.1 制度的定义、本质和特点

制度作为经济学研究的一个重点领域，自诞生之日起就是经济学、政治学、伦理学等多学科关注的热点。康芒斯对制度经济学的贡献，已经成为我们理解经济与社会发展的一把钥匙。鉴于不同学科与学派对制度含义理解的差异，我们对其进行了梳理与重新界定。

3.1.1 制度的定义

制度经济学创始人康芒斯认为，制度是每个人在社会规定的范围内必须遵守的行为准则和规范，是“集体行动控制个体行动”①。也就是说，他把制度理解为一种强制性的约束规范，每个人都必须遵守，这也是多数人

① 康芒斯．制度经济学（上册）[M]．北京：商务印书馆，1983：97.

控制少数人的有效法则。康芒斯的这种解释以制度最一般的本质——“行为规则”作为出发点，强调了它对人们行为进行规范的作用。

凡勃伦从心理学的角度阐释了制度的定义，认为制度是个人或社会的一般思想习惯，这种习惯主要贯穿于人际关系和生活方式中，具有时限性、强制性或引领性，是一种精神状态的体现。我们从凡勃伦对制度的阐释中可以看出，他更多强调的是心理惯性对人们行为的约束。

经济学家道格拉斯·诺思、舒尔茨和拉坦等也对制度的内涵进行了界定。道格拉斯·诺思认为：“制度是一系列被制定出来的规则、守法程序和道德伦理规范，它旨在约束追求主体福利或效用最大化利益的个人行为。”① 道格拉斯·诺思的定义将制度视作一种社会游戏规则，认为它是约束个人追求效用最大化的规则和伦理规范，对社会的发展是不可或缺的。道格拉斯·诺思还认为，制度是具有一整套规则的政策框架，约束人们必须遵循其要求，以造就出合乎伦理道德的行为规范。制度的重要作用就在于规范、影响和决定人际关系，减少交往中的不确定性，降低交易成本。制度除了约束性的功能外，还具有激励的功效。舒尔茨认为，制度是一种行为规则，就构成内容而言，它广泛涉及社会、政治及经济等诸多内容，约束并规范人们的行为。从制度的功效上来看，其具体作用包括：降低经济领域的交易费用；降低生产要素配置风险；理顺组织与个人的关系；规定公共品的生产、提供与分配责任等。之后的弗农·拉坦也认同舒尔茨对制度的解释，把制度理解为可以支配人与人之间行为及关系的一套规则。柯武刚、史漫飞等认为，制度是人类交往中正规与非正规的约束规范或规则，其作用就是预防和打击机会主义，在提高行为可预见性的基础上，促进社会合理分工，创造社会财富。

综上所述，关于制度的定义虽然丰富，但公认的观点是把制度视作一种行为规范，约束人们的社会活动与关系，降低各类风险和不确定性。

---

① 道格拉斯·诺思．经济史中的结构与变迁［M］．上海：上海三联书店，1994：225-226.

3.1.2 制度的本质和特点

3.1.2.1 制度的本质

从国内外学者对制度内涵的理解中我们不难发现，制度的本质体现在以下三个方面：

（1）制度与人的行为动机密切相关。制度是约束与激励人们行为的规则，它重在协调人们之间的利益关系，是特定历史时期的一种行为规则的组合。

（2）制度是一种公共产品。制度在形成初期可能并不具有公共产品的特性，但随着其约束范围和示范效应的不断扩大，就其最终状态而言，制度的存在具备约束社会公众的公共规则效应，具有明显的非排他性特征。

（3）制度与组织不同，规则性较强。与组织的内涵不同，制度是人们需要遵循的社会规则，社会群体和个人只能在这种社会规则下进行活动，受其约束。也就是说，制度是社会游戏的“规则”，而组织是社会游戏的“角色”。

3.1.2.2 制度的特点

（1）制度是关于人们如何行为的一整套准则，公开、稳定和强制性是其核心特点。它的主要功能体现在：①能调节人们的日常行为，使其按照事先设定好的模式行事。②有控制冲突、加强合作的作用。制度通过对非正常行为的处理与惩罚，可防范冲突的发生，促进不同利益诉求的人们进行合作，降低自身行为成本。通过以上两种功能，制度就达到了规范社会关系的主要目的，从而保证社会群体间的行为以规范、有序的方式进行。③具有很强的示范效应。制度实施的起始阶段只是针对社会上的大多数人而言，其主要作用就是将大多数人控制在某种轨道上，使其行为按照一定方式和规则进行，这对那些没有纳入制度约束的分散的小部分人具有强烈的示范效应，在经过示范整合之后，就会形成社会的整体“合力”，这样便达到了社会有序的整体运行状态。所以说，没有制度的约束，现代社会就会处于混乱状态。

（2）制度作为衡量社会文明的标志，是伴随国家、政府的产生而产生的，具有时效性。制度的演化和更迭历史表明，社会进步的路径必然是由低级向高级发展。在每个发展阶段，都存在着适应当时社会发展的诸多具体制度，为当时的社会发展或者说当时的政策制定实施起到了保驾护航的作用。随着社会的进步和生产的发展，任何制度若不随之改变，都有可能站到历史的对立面，由促进历史发展变成阻挠历史发展，由良制转变为恶制。所以说，制度一定要与当时的生产力相适应，否则就会遭到历史的摒弃，被淘汰。

3.2 制度安排的内涵及构成

3.2.1 制度安排的内涵

制度安排与制度的含义相近，意味着一种规则安排，旨在保障和维护人际交往中的合作与竞争秩序，强调的是制度的落实与实施细则。按照形式来划分，制度安排有正式与非正式之分；按照时间长短来划分，制度安排有长期与短期之分。虽然“制度”与“制度安排”两个概念都是关于规则、规范的描述，但前者强调的是一种静态的、既定的规范系统，而后者突出的是动态的安排与落实，强调制度规范系统的具体确立与实施过程。

3.2.2 制度安排的构成

既然制度安排是制度框架下具体执行与落实的环节，并受到制度环境的影响，那么制度安排的设计、选择、确立应该重点考虑的内容就是“谁来进行制度安排”“为谁安排”“如何安排”“结果如何”四个问题。也就是说，制度安排应该包括主体、客体、过程和结果四个部分。

3.2.2.1 制度安排的主体

制度安排的主体主要有个人、利益群体和政府三个角色。在规则的安排与约束下，主体应该充分明确其身份地位、意图和想要达到的结果，所以制度安排与主体的选择、接受、遵守分不开。从制度及其安排的基本功能来看，成员之所以愿意接受制度，就是因为能够获得制度所提供的追加收入，或享受到法律或产权的保护，节省竞争与合作成本。这种保障和机制都不能偏离主体的要求与作用。所以说，制度安排的主体在制度安排的过程中至关重要。

3.2.2.2　制度安排的客体

客体的定义主要从其涉及的范围来描述，即制度安排所涉及的对象。从覆盖范围来讲，一项成功的制度安排的客体应该是社会上的大多数人。

3.2.2.3　制度安排的过程

该过程是制度规则、规范被制定或更替旧制度安排的具体实施过程。这里的安排还必须考虑到制度环境，它通常作为制度创新的外在影响参数，为制度安排的性质、范围和进程提供现实依据。当然，制度安排也会反作用于制度环境，两者之间存在着辩证的互动关系。但是，制度环境一般相对稳定，不会随意更改，而制度安排则变动性相对较强。

3.2.2.4　制度安排的结果

结果主要是指新的制度安排一旦被确定下来，人们必须无条件地遵守，这种遵守会带来什么样的效果。评价制度安排实施效果有两个标准：一是帕累托改进；二是卡尔多-希克斯改进。帕累托改进是多学科中常用的功利主义判断标准，当没有一个人受损而其他人能够获利时，这项制度安排就是有利的，因为它提高了整体的福利水准；卡尔多-希克斯改进是一个总量标准，对公平性考虑欠妥，认为只要社会的总收益在变大，即使部分人的利益受到损害，也是有效的。应用到我们国家的改革中，我们可以认为改革初期的制度安排就是一种帕累托模式的改进，即在不损害城市利益的情况下，使农村变得更好，且每个农村人都享受到了改革的成果。2005 年以后，我国改革进入攻坚阶段，社会深层矛盾凸显，改革进程放缓。制度改革若想获得成功或进步，就会涉及不同阶层的利益，并会引发矛盾，此时的制度安排就是一种卡尔多-希克斯模式的改进。

3.3 制度创新理论

3.3.1 制度创新的内涵

新古典经济学在解释社会经济发展时未将制度因素作为生产要素，而现代经济学与制度经济学充分认识到了制度的生产要素功能和外溢效应，将其引入经济增长的解释中，充分显示了制度的重要性。所以，在一个国家的经济社会发展中，制度创新具有举足轻重的作用。“创新”一词最早是由熊彼特提出的，后来制度经济学家们以实证的方式将组织管理和市场模式等制度创新形式纳入模型计算中，论证了制度的创新对社会经济发展的重要贡献。这里的创新具有广泛的内容，包括与社会经济发展相关的产品、思维、市场模式等各因素的创造性和新颖性，只要合乎人类社会发展及社会文明需要的创造性活动，都可以视为创新。创新的过程是一种包括多项要素在内的系统工程，嵌在社会生产实践活动的方方面面。制度的变迁也是符合唯物主义辩证论的，从制度的量变开始，再到新制度的产生（质变），构造出鲜活的生命周期运动轨迹。因而，制度创新的过程必须建立在实践的基础上，以生产力的发展为唯一检验标准。只有促进生产力发展的制度，才是好的制度，阻碍生产力发展的就是旧的、应该改进的制度。也只有积极、进步、有利于生产力发展的制度变迁，才是制度创新。我们在理解制度创新的概念时，要充分结合社会进步，融入社会规范与价值判断，而不能停留在对制度变迁的一般性描述的范围。

我们要辩证地看待制度创新，既要掌握创新的发展趋势，也要深刻反省旧体制、旧制度的缺陷与不足，这对于制度的创新演变具有指导意义。我们还应掌握制度创新与体制改革的关系：两者的相似之处在于，它们都是通过制度的改革与新建增进自身服务社会经济的能力，促进社会文明，提高社会福利水平；两者的区别在于，后者主要针对现存制度的弊端和缺陷，突出表面特征的变革，是一种修补式的强制性制度变迁，重在“变”；

制度创新比体制改革更加深入、细致，强调的是推陈出“新”。

在制度创新的过程中，我们还应用生命周期理论来对制度进行重新审视。制度作为历史的产物，它也有鲜活的生命，大致会经历五个阶段：产生期、完善期、高效期、衰退期、灭亡期。制度的生命周期学说从唯物辩证的角度说明，任何事物，包括制度创新，都有一个发展周期，这符合事物的发展规律，即制度应该与其所处的环境相适应，否则就会阻碍社会的发展。这种规律进一步阐明了制度本身会受到社会发展多样性、选择性和多变性的影响，它们相互之间的矛盾会诱发新旧制度的更替。总之，制度创新就是社会规范体系的选择、创造、新建和优化，是一个不断衍生、调整、进化、完善与更替的过程。

3.3.2 制度创新的动力

制度创新或变迁有两种途径：第一种途径是通过自下而上的改革实现制度的变革——诱致性变迁。诱致性变迁一般从量变开始，积累到一定程度后得到政府或部门的认可，实现某群体的利益最大化。第二种途径是自上而下进行变革——强制性变迁。强制性变迁是由政府或部门主导，为了达到某种目的或维护某群体的利益而实施的变革。这两种途径都是为了维护某群体的利益而进行的，所以制度创新离不开经济学的思维范式，即制度创新的动力在于对个人利益最大化的追求。制度变革的收益一定要大于成本，否则制度变革不会有需求，也不能顺利进行。这里的成本一般包括制度设计的成本、实施成本、监督成本、旧制度清除成本、新制度风险成本、修订与实验成本及机会成本等。只有当新制度的未来潜在收益大于这些成本，且容易监督、控制时，新制度的创新才有可能实现，否则，旧制度还将延续。

我们可以认为制度创新的根本动力在于以最小的成本获得最大的收益，同时，也要对不同主体的行为、权利、义务和责任做出清晰的界定，使其行为更加规范，社会矛盾与社会冲突得到有效缓解。

3.3.3 制度创新的过程

制度的创新不是一蹴而就的，而是有一个相当长的过程，即存在时效问题。根据诺思的观点，可把制度创新分为四个阶段：

第一阶段："第一行动集团"形成。制度创新的主体发起者，我们称为"第一行动集团"，是指创新所需要的那些有预见能力、组织能力、规划能力和领导能力的群体。该群体能预见性地考虑到事物发展变革的未来收益，故而作为制度创新的发起者、组织者和推动者，实施制度创新的规划。

第二阶段：确定制度创新方案。对多种制度创新方案，"第一行动集团"要比较其未来收益与成本，最终选择确定某种方案。

第三阶段："第二行动集团"形成。要保障制度创新顺利进行，必须有坚实的实施基础，这样"第一行动集团"才会发动社会网络关系，形成"第二行动集团"，以帮助"第一行动集团"实施制度创新。"第二行动集团"主要包括有一定社会认可度和威望的民间组织、政府机关、个人等。

第四阶段：两个集团协作努力，具体实施制度创新，使其变成现实。该阶段的主要工作就是宣传、动员和落实新制度。由于人们的思想惯性，对于新生事物一时难以达成共识，故而需要大力宣传新制度，让人们切实从新旧制度的对比中看到并感受到潜在的收益和好处，这样新制度才能得到广泛的社会支持，从而顺利实施。

依据唯物辩证的观点，制度创新的过程是一个由量变到质变的过程，旧制度的失衡与新制度的均衡交替进行。当现存制度不能给改革者带来更多利益、难以满足大多数人的需求时，就会出现制度创新的动力。因此，内外界条件发生变化都有可能推动制度创新。无论是市场规模与结构的变化，还是生产技术的革新，都有可能改变某些利益集团的预期收益，从而为新的制度创新提供变革机会。制度的不断交替与完善是一个周而复始的由非均衡到均衡，再到非均衡的动态变化与发展过程。

3.4 制度安排及制度创新在城乡统筹发展中的作用

制度经济学认为制度也是一种生产要素，对经济增长具有决定性作用。诺思曾对经济发展中制度的重要作用进行详细论述。

第一，在没有更多要素投入的情况下，制度创新能提高产量，促进经济增长。例如，在19世纪50年代前的约200年中，世界海洋运输业在生产技术上并未取得巨大进步，而只是对航运制度做了一些调整和改革，就极大地降低了运输成本，提高了生产和交易效率。科斯定理对交易成本的论述在这里得到了真正的体现：航海制度与市场的开拓正是通过效率的提升降低了交易成本，缩小了收益差距；同时，对社会各类组织和个体也有较大的激励作用，创造了经济增长的发展空间。

第二，经济组织的高效运作也会加快经济增长的速度。诺思等学者在对欧洲经济发展历史进行考察和归纳时发现，西方世界兴起的真正原因就是建立了“一种有效率的组织”①，其财产权利通过制度规范得以确保，并使个人收益接近社会收益，从而极大地激发了人们的生产与创新热情。

以上分析表明，有效率的制度对于社会发展和维护个人、组织的利益是非常重要的。那么效率的来源与判断标准是什么呢？诺思认为，财产权的有效划分与保护就是制度有效率的标准之一。一个好的制度能有效激励社会上的合法经济活动，确保劳动者的生产成果得到有效保护，从而缩小私人收益与社会收益的差距。另外，保证社会成员有发挥自己才能的自由、确保社会生产潜力得到充分发挥、有效降低交易成本也是制度有效率的评判标准。因此，制度创新是在从非均衡到均衡的循环演变中诞生的，是一种适应生产力发展的辩证运动。所以说，社会与经济发展的过程就是制度不断创新的过程。

很多制度经济学家在对比国家间的经济差距时发现，发达国家与发展

---

① 道格拉斯·诺思，罗伯斯·托马斯．西方世界的兴起［M］．北京：华夏出版社，1999：5.

中国家经济绩效差异的原因，在某种程度上可以说是制度及其创新上的差异。发展中国家之所以发展缓慢，是由于生产要素难以通过市场得到有效配置，其市场制度建设相对落后。因此，区域经济的竞争固然突出体现在产品、技术、人才和其他要素的竞争上，但制度的优势显得更为重要。

综合以上有关制度创新的理论，我们认为，当前我国城乡统筹发展战略决策的实质就是一场伟大的制度变革，以此来解决长期困扰我国发展的“三农”问题。在中国体制改革尚未完成之时，制度创新仍有较大的革新空间。

改革开放以来，“三农”问题引起国家和社会的高度关注，党和政府也将其作为工作的重点，制定和实施了一系列城乡统筹发展的措施，如取消农业税、实施城市反哺农村战略等。但是，相对于愈演愈烈的城乡差距，新一轮以缩小城乡差距为目标的城乡统筹发展政策的效果却不尽如人意。究其原因，既有历史的，也有现实的，既有经济方面的，也有政治、文化方面的，还有制度方面的。新中国成立后，很长一段时期实行城市偏向性政策，也因此形成了城乡对立的失衡局面。虽然20世纪70年代末的农村土地改革极大地释放了农村生产力，土地使用制度的变革激发了农民生产的积极性，农村改革的成功一度举世瞩目，这也进一步证明了制度创新与改革的生产效应，但这种改革是片面的、初级的，单纯的土地制度改革是难以从根本上解决“三农”问题的。之后，城市改革逐步推进，尤其是改革重心再次向城市倾斜以后，城乡差距进一步拉大，“三农”问题进一步凸显。实践表明，城乡统筹理念下的制度改革与创新是城乡协调发展的关键。

城乡统筹发展，就是要对城市和农村的经济社会发展进行整体规划，因此一切涉及城乡人口和经济要素自由流动的制度都会影响城乡统筹发展。有效的制度安排会促进经济发展，无效的制度安排则会抑制甚至阻碍经济发展。为了缩小城乡差距、促使城乡协调发展，我国制定了城乡统筹发展战略，这一战略的实施与制度安排密切相关。城乡统筹发展要想取得成功，相关的制度安排就必须合理有效，能够提供有利于生产要素重新集聚的制度创新机制。

在工业化发展过程中，有些国家城乡关系之所以比较协调，其中一个重要原因就是它们制定并实施了一系列向农村、农民倾斜的制度安排，支持农村、农业的发展，保护农民的利益，使其在再分配中受到“照顾”。这些制度安排与缩小城乡差距、实现城乡统筹的目标一致，所以它们在城乡统筹发展中发挥了显著作用，促进了城乡协调发展。一般来说，如果制度安排是良性的，就会激励行为主体做出良好的行为，并从这一制度中得到切实收益，从而更加遵守、承认和肯定这一制度安排。制度能产生多大的激励作用，取决于行为主体的付出和收益的大小。如果行为主体的付出远远小于收益，则该制度的激励作用较大；行为主体的付出越接近收益，该制度的激励作用就越小。国外城乡协调发展的制度安排，为农民、农村提供了一种激励性的、宽松的社会条件，提高了人们劳动的主动性、积极性和创造性，从而促进了农村经济发展。

21 世纪以来，我国制定实施了一系列与城乡发展相关的制度，但与其他城乡关系比较协调的国家相比，我国的这些制度对农村、农民的倾斜力度不够，与缩小城乡差距、实现城乡统筹的目标还不相适应，在一定程度上不仅不利于城乡统筹发展，并且造成旨在促进城乡差距缩小的政策效果并未充分发挥出来。2018 年，我国城乡人均可支配收入差距超过 2 万元，城乡收入比达到 2. 69：1；与此同时，我国农村内部的收入差距也在不断扩大，达到 9. 3 倍左右。因此，必须对制约我国城乡统筹发展的相关制度安排加以矫正，使之与城乡统筹目标相一致，促进城乡协调发展。

纵观我国农村经济发展的历程，我们发现，突破制度障碍进行制度创新能极大地解放农村生产力，推动农村发展。20 世纪 80 年代初期，我国农村经济出现了高速增长，在这期间，其实并没有更多的物质要素投入，也没有现代生产要素的辅助，而仅仅是实行了家庭联产承包责任制，重新安排了土地的使用权，变更了土地剩余的分享权而已。但这种变革却激发了农民的生产热情，促进了生产力的发展。这说明，作为一种生产要素，在其他条件不变的情况下，制度的生产性表现为内在组织分工的优化能促进生产效率的提高。即便物质资源投入不增加，若能进行制度创新，提供一些有效率的制度安排或废除一些无效率的制度安排，同样能促进农村经济的增长。2004 年，世界银行的一项模拟研究表明，在今后能够把农业劳动力转移出 1% 、5%和 10%的假设下，GDP 将分别提高 0.7%、3.3%和 6.4%。Halley 和 Zhang（2004）通过模拟实验表明，假设劳动力迁移的唯一障碍是户籍制度，那么一旦取消户籍制度，劳动力便可自由流动，收入公平的时代将要来临。所以，要实现城乡统筹发展，就必须不断进行制度创新。

第 4 章

我国城乡统筹发展的历程与现状

40 多年的改革开放，使我国社会经济发生了翻天覆地的变化。我国在工业发展达到一定程度后，启动了一系列反哺农业的战略部署，这在客观上促进了农村的发展，中国开始进入城乡统筹发展的历史大环境中。城乡统筹发展战略的提出已经过去十多年，城乡一体化的制度框架也已经初步形成，“三农”问题得到了一定程度的改善，但我们也应清醒地认识到，我国的城乡差距仍然存在，城乡统筹发展处于初级阶段。本章从我国城乡统筹发展的历程出发，分析我国城乡统筹发展的现状。

4.1 我国城乡统筹发展的历程

1978 年以来，我国社会经济发生了巨大变化，人均国民生产总值、三次产业结构、城镇化水平等多项指标都取得了令人瞩目的成绩，已经由改革开放初期以追求温饱为目标转变为以追求全面实现小康为目标，我国开始进入工业化中期阶段。世界经济发展的实践表明，在工业化初始阶段，即经济腾飞前这段时间，一般都是通过城市偏向性政策来为工业化和城市化发展积累资金。我国的发展也不例外。待经济高速发展或腾飞后，第二产业已经具备了雄厚的经济实力，由于自身发展、市场扩展及社会公平需要，工业必须反哺农业，为农业提供资金、技术支持。因此，我国现阶段的工业化结构与发展在战略上需要转型。依据此经验，我国在工业发展达到一定程度后，启动了一系列反哺农业的战略部署。

4.1.1 城乡统筹发展起步阶段（2002—2005 年）

2002 年，“统筹城乡发展”这个词在党的十六大会议上第一次被提出来，为解决“三农”问题指明了发展方向[①]，也拉开了我国城市反哺农村、城乡统筹发展的序幕。这次会议从国民经济发展的角度出发，强调了城乡统筹发展的重要意义，并将其作为战略要点，充分肯定了农村、农业和农民对国家发展所做出的重大贡献。城乡统筹发展战略的提出，标志着党和国家对城乡统筹发展、农村问题的高度重视，这种有益的探索自此进入新的历史发展阶段。

在2003年1月召开的农村工作会议上，胡锦涛明确指出，城乡统筹发展就是要更多地关注“三农”，把解决“三农”问题作为实现我国小康社会的战略目标来抓，这也是全党工作的核心内容，有利于维护社会稳定，有利于开创与实现农业和农村工作的新局面。[②] 胡锦涛的讲话进一步表明了党和国家对“三农”问题的重视，为城乡统筹的可持续发展奠定了基础。同年10月，党的十六届三中全会召开，会上讨论并通过了《中共中央关于完善社会主义市场经济体制若干问题的决定》，其中“科学发展观”是最大的亮点。[③] 该《决定》阐述了科学发展观的内涵，为我国如何发展、向何处发展指明了方向。科学发展观强调社会发展应该本着“以人为本”的宗旨，全面、协调、可持续地进行建设。科学发展观还对今后的农村工作进行了阐释和规划，认为“三农”问题的解决需要通过“五个统筹”来实现，而在这“五个统筹”中，处于首要位置的就是统筹城乡间的关系，这进一步体现出党中央及国家对农村工作的高度重视。

在科学发展观的指导下，2004年的中央一号文件《中共中央、国务院关于促进农民增加收入若干政策的意见》出台，重点阐明了缩小城乡差距的意义。该文件认为，解决“三农”问题必须依靠城乡统筹的发展，坚持

---

① 中共中央文献研究室．十六大以来重要文献选编（上）［M］．北京：中央文献出版社，2004：17.

② 中共中央文献研究室．十六大以来重要文献选编（上）［M］．北京：中央文献出版社，2004：112.

③ 中共中央文献研究室．十六大以来重要文献选编（上）［M］．北京：中央文献出版社，2004：465.

“多予、少取、放活”原则①，以农业产业结构调整为契机，以城乡劳动力的合理、有效流动为指引，以农业技术创新和进步为重点，以农业基础设施的投入和农产品的价格保护为基本内容，快速、有效地提高农民收入，缩小城乡差距，实现城乡和谐发展。同年 9 月，党的十六届四中全会首次用“两个趋向”的论断对我国的现实做出了判断和指引，指出“在工业化初始阶段，农业支持工业、为工业提供积累是带有普遍性的趋向；但在工业化达到相当程度以后，工业反哺农业、城市支持农村，实现工业与农业、城市与农村协调发展，也是带有普遍性的趋向”②。“两个趋向”明确了城市反哺农村的重要意义，也为我国城乡统筹发展定下了基调。同年年底，党中央再次针对城乡发展现状做出了“以工促农、以城带乡”的发展部署③，这是对当时城乡统筹发展工作的一个历史性的经验总结。

2005 年，中央一号文件《中共中央、国务院关于进一步加强农村工作、提高农业综合生产能力的若干意见》颁布。该文件以农民增收问题为核心，强调在继续对农村实施“多予、少取、放活”战略部署的基础上，重点以保稳定为工作内容④，通过财政转移支付和税收政策引导，加快农业产业结构的调整，提高农业经济的竞争能力，不断完善农村市场，并与城市经济实现有效对接。之后，党的十六届五中全会针对“三农”问题提出了建设社会主义新农村的战略，要求按照“生产发展、生活宽裕、乡风文明、村容整洁、管理民主”进行新农村建设⑤。

2002—2005 年，在中央的大力支持和倡导下，各地紧紧围绕“城乡统

---

① 中共中央文献研究室．十六大以来重要文献选编（上）［M］．北京：中央文献出版社，2004：672.

② 中共中央文献研究室．十六大以来重要文献选编（中）［M］．北京：中央文献出版社，2006：233.

③ 中共中央文献研究室．十六大以来重要文献选编（中）［M］．北京：中央文献出版社，2006：513.

④ 中共中央文献研究室．十六大以来重要文献选编（中）［M］．北京：中央文献出版社，2006：517.

⑤ 中共中央文献研究室．十六大以来重要文献选编（中）［M］．北京：中央文献出版社，2006：1050.

筹”这一主题，通过一系列政策的实施，直接使农民受惠，主要体现在中央政府对农民的粮食收购价格进行财政补贴上，仅2004年，农民获得的粮食补贴资金数额就有116亿元。同时，全面放开了粮食的购销与价格，形成了粮食购销市场化、经营主体多元化的格局。为了促进粮食增产，国家还进行了土地流转改革，并对土地的合理开发给予必要的财政补贴。仅2004年一年，农民增收达7%，粮食增产9%。2005年，国家进一步加大了对粮食增产、农民增收的扶持力度，减免农业税、特产税等多个税种，并安排用于“三农”建设的专项资金。“十五”计划期间，该项资金高达11300多亿元，平均年增17%。党中央除了对农民实行支农惠农政策外，还加大了对农村教育、农村基础设施等的投入。例如，安排专项财政资金扶持农村教育，通过分级管理、以县为主的途径，减免农村贫困生的书本费、杂费以及寄宿生生活费，为《新义务教育法》的出台奠定了基础，切实让农民享受到了社会经济发展的好处。

4.1.2 城乡统筹发展全面推进阶段（2006—2010年）

2006年，党中央通过一号文件《推进社会主义新农村建设的若干意见》，强调我国在“十一五”期间应以实现新农村建设为重点，并提出了具体部署和规划，突出以粮食稳产、结构调整为重点进行现代化农业建设，把支农惠农政策落到实处，下大力气抓好农业基础设施建设。同时，文件还强调了农村精神文明建设的重要性，主张通过基层民主参政、议政的政治制度建设，强化农村的民主生活制度，为全面推进农村发展奠定基础。与党中央、国务院2004年和2005年的一号文件相同，该文件是对农村工作采取“多予、少取、放活”政策的延续和深化，表明了国家加快以工促农、以城带乡发展的决心，也是城市反哺农村战略的具体方针和策略。

同年10月，党的十六届六中全会以“和谐社会”的构建为主题①，强

① 中共中央文献研究室．十六大以来重要文献选编（下）［M］．北京：中央文献出版社，2007：652.

调城乡关系的和谐是当今社会发展的重点，要在全国范围内尽快建立起促进城乡统筹发展的长效机制，消除二元社会体制和格局。同年年底，中央农村工作会议重点强调要树立城乡平等、城乡统筹、城乡协调发展的理念，指出公共财政、公共设施和公共服务都要向农村倾斜，加大对农村的支持力度。

2007年的中央一号文件突出强调了现代农业建设的构建思路，认为新农村建设的第一要务就是实现农业生产的现代化。这里的现代化主要是指农业装备的现代化、农业科学技术的现代化、农业产业体系的现代化，以及农业经营管理的现代化。通过现代化理念的引领，培养出适合现代农业生产的高素质农民，提高土地生产效率和资源的利用率，实现增产增收。同年6月，国务院将重庆和成都设为全国统筹城乡综合配套改革试验区，这对探讨城乡发展模式和建立城乡一体化的发展机制具有重大的实践指导意义，也为城乡统筹经验的积累与借鉴提供了巨大的社会实验场地。

2008年，党中央、国务院颁布一号文件《中共中央、国务院关于切实加强农业基础建设、进一步促进农业发展农民增收的若干意见》，重申了农业基础建设的重要性，特别强调应加大农业基础设施建设投入，不断提高农民收入，以保障主要农产品的基本供给为目标，“扎实推进社会主义新农村建设”①。

同年，党的十七届三中全会进一步明确了农村建设的目标，指出要不断健全农村经济体制，建立健全城乡统筹发展机制，长期致力新型工农、城乡关系的构建。为了促进农村经济发展，中央还号召全国各地通过工业化、农业现代化的统筹建设，不断调整目前的收入分配格局，切实提高农民收入，缩小城乡差距，大力支持农村地区的基础设施建设，积极发展各项社会事业，加大支农惠农力度，提高财政转移支付标准。另外，农村的精神文明建设同样重要，应加快基层组织的建设与发展，提高农民参政议政的能力，使广大农民共享改革成果。

---

① 中共中央文献研究室．十七大以来重要文献选编（上）[M]．北京：中央文献出版社，2009：133.

2008年的国际金融危机给我国经济发展带来较大冲击和负面影响，也给“三农”问题的解决带来一定困难，城乡统筹工作进展放缓。2008年底，党中央发布了2009年一号文件，明确提出了以农业的稳定发展保障国家发展的战略，通过农民收入的增加、粮食产量的稳步增长来保障整体国民经济和民生工作的顺利开展。该文件还强调，惠农政策的实施要以科技投入、产业结构调整、粮食生产安全和农民收入增长为重点，以确保农村经济快速、稳定发展。

2009年9月，中共十七届四中全会召开，这次大会特别强调了党组织的重要性，尤其是基层党组织在城乡统筹工作中的作用，认为城乡统筹发展战略的重点和难点在于基层的贯彻落实。会议充分肯定了各级政府在地方建设中的重要作用，以及对“三农”问题解决的引领作用。虽然统筹城乡发展、解决“三农”问题的政策制定主体是政府，但政策的落实还得依靠基层党组织。今后基层党组织发展的重点就是健全与完善制度建设，使其成为经济与社会发展的中坚基层力量。

2010年，中央一号文件《中共中央、国务院关于加大统筹城乡发展力度、进一步夯实农业农村发展基础的若干意见》颁布，进一步明确了农业、农村发展的重要性，并将其与城乡统筹发展战略联系在一起，从战略的高度论述了其重大意义。该文件还将城乡统筹发展的具体实施路径与民生的改善紧密结合在一起，通过国民收入分配的调整、消费市场的完善、经济结构的调整以及城镇化等具体措施来不断完善统筹工作。“统筹城乡”概念的重申，表明了党中央的战略意图①，为全国“三农”问题的解决指明了发展方向，强调了农民的富裕需要城乡的共同努力。

在世界经济危机的影响进一步扩大的同时，党中央以新农村建设和城镇化建设为契机，以扩大内需为经济增长的引擎，既推动了城乡统筹发展，也减轻了外贸出口萎缩带来的负面影响。城镇化建设由于起到了承上启下的作用，在区域发展中具有重要的战略地位，因而很好地协调了新农

---

① 中共中央文献研究室．十七大以来重要文献选编（中）［M］．北京：中央文献出版社，2011：338.

村建设和县域经济发展的关系，将城乡一体化发展向前推进了一大步。因此，该“双腿”发展战略适应了新时期的经济社会发展形势，其效果也显而易见。同年10月召开的党的十七届五中全会，对城乡统筹发展战略进行了再次强调，表明了国家对城乡统筹工作的高度重视。

2006—2010年，围绕城乡统筹发展，中央和地方采取各种措施提高农民收入、促进农村发展。2006年，农业税被取消，切实减轻了农民的负担。国家还为农民提供各种补贴，如良种补贴及粮食直补等，以鼓励农民更多地从事粮食生产。国家每年投入乡镇的支出高达1200亿元，并加大了对农村教育、医疗卫生等方面的支持力度，促进了农村各项社会事业的发展。2007年，农村孩子上小学、中学不再交学费，义务教育在农村开始真正实行。2008年，新型农村合作医疗制度在农村普遍推广开来。一些地方还对户籍制度进行了相应的改革，放松了户口限制，外来务工农民达到一定条件即可转为本地户口。随着新农村建设的开展，全国各地都在进行城乡统筹建设，城乡统筹发展全面推进。

4.1.3 城乡统筹发展深化阶段（2011年至今）

2011年颁布的中央一号文件《中共中央、国务院关于加快水利改革发展的决定》重点规划了农村水利建设改革内容，强调了水利建设的重要性，以及农田水利设施建设的优先性，标志着农村基础设施整体建设向前迈了一大步。该文件在充分肯定农村经济发展的同时，也表明了党和国家对农村基础设施整体建设的决心和信心。2012年的中央一号文件《关于加快推进农业科技创新、持续增强农产品供给保障能力的若干意见》又将关系农业发展的科技工作推向前沿，强调农业科技创新对农业发展的重要意义，号召全国加大对农业科技创新的投入力度，切实增强科技要素对农产品生产的贡献。该文件指出，“三农”问题的解决、农民的增收、城乡差距的缩小都离不开农业科技的发展，所以加大农业科技的投入与成果扩展是当今农村社会发展的首要选择。与2011年中央一号文件中的农田水利建设号召相呼应，2012年的中央一号文件体现了党中央与国务院支持农村工作的决心和力度，也表明了城乡统筹发展继续深化的趋向。

2012 年 11 月召开的中共十八大再次重申了城乡一体化发展的重要意义，指出全党及国家的工作重点就是要解决好“三农”问题，其核心内容是继续深化城乡一体化发展战略。在一体化发展中，要充分认清形势，通过放活农村发展潜力，减少、消除农村发展羁绊，不断缩小城乡差距。中共十八大的召开，是对十六大之后城乡统筹发展的继承和延续，是中共新一届领导人在尊重现实的基础上，在更高起点上推动城乡统筹发展的新的里程碑。

2013 年的中央一号文件《中共中央、国务院关于加快发展现代农业、进一步增强农村发展活力的若干意见》对发展现代农业做了重新阐释，对其重要意义和作用进一步加以重申，并且号召在全国范围内进行以激发农村发展活力、健全农村发展策略为核心内容的改革行动。在各项政策的实施中，要重点加大对农村改革的支持力度，包括政策扶持、科技驱动、现代农业建设投入等。农村生产经营应该朝着现代化、专业化方向发展，不断提高生产组织的集约化、社会化程度，建立适应现代市场经济发展的农业经营体系，以此提升生产关系和生产力发展水平的协调性。与此同时，该文件还明确了农村土地征用制度改革、农民工的户籍改革及农村公共服务均等化等问题，表明了党中央、国务院一如既往地解决“三农”问题的决心。同年年底，党的十八届三中全会又特别强调了城乡一体化发展是我国当前工作的重中之重，其关键就是要解决好农村的剩余劳动力转移及其身份的市民化改革。

2014 年的中央一号文件《中共中央、国务院关于全面深化农村改革、加快推进农业现代化的若干意见》以农业现代化为主题，强调了农村改革的重要性，指出要通过深化改革，使农民拥有更多的财产权利，使各种要素能在城乡之间优化配置，通过财产权的保护和民主政治生活参与权的保障来实现改革的联动，切实保障农村能够分享到现代发展的成果。

2015 年的中央一号文件《中共中央、国务院关于加大改革创新力度、加快农业现代化建设的若干意见》提出了加快农业现代化建设的战略部署，重申了要素合理配置、城镇化建设对加快城乡一体化发展的重要意义，强调了新型农业经营体系的构建、土地经营权的规范有序流转、农村集体产权改革等对农村整体改革的影响，号召按照市场经济的内在要求实行农村集体资产股份制试点改革，促进生产要素合理、公平、高效使用，在理顺农村产权和收益权制度的基础上，促进农村发展。

2016 年的中央一号文件《中共中央、国务院关于落实发展新理念、加快农业现代化、实现全面小康目标的若干意见》明确指出，要尊重农民的主体地位，农村工作的最终目的是增加农民的福祉，让农民共享改革成果。文件还强调，在解决“三农”问题时，要学会运用发展的新理念，进行农业供给侧结构性改革，加大对农村的支持力度，促使要素在城乡之间的优化配置，提高基本公共服务水平。

2017 年 2 月，中央一号文件《中共中央、国务院关于深入推进农业供给侧结构性改革、加快培育农业农村发展新动能的若干意见》发布。该文件着重强调了“增加农民收入、保障有效供给”，提出以提高农业供给质量为主攻方向，继续推进农业供给侧改革。

2017 年 10 月，党的十九大召开，第一次把乡村振兴提到了战略高度，为新时代构建新型工农城乡关系指明了方向，并明确提出“建立健全城乡融合发展体制机制和政策体系，加快推进农业农村现代化”①。随后，2018 年的中央一号文件《中共中央、国务院关于实施乡村振兴战略的意见》颁布，对实施乡村振兴战略进行了全面部署。该文件突出“统筹推进农村经济建设、政治建设、文化建设、社会建设、生态文明建设和党的建设”，提出要加快推进乡村治理体系和治理能力现代化，走中国特色社会主义乡村振兴道路。

2019 年 2 月，中央一号文件《中共中央、国务院关于坚持农业农村优先发展、做好“三农”工作的若干意见》颁布。该文件明确提出，要牢固树立农业农村优先发展政策导向，“优先保障‘三农’资金投入，坚持把

① 决胜全面建成小康社会、夺取新时代中国特色社会主义伟大胜利——在中国共产党第十九次全国代表大会上的报告［EB/OL］. http：//www. gov. cn/zhuanti/2017-10/27/content_ 5234876. htm，2017-10-27.

农业农村作为财政优先保障领域和金融优先服务领域，优先安排农村公共服务，推进城乡基本公共服务标准统一、制度并轨”。

21 世纪以来，连续 16 年的中央一号文件以不同主题系统阐述了党和国家对城乡统筹工作的战略部署，表明了我国在缩小城乡差距、实现社会和谐发展方面的决心、气魄和能力。这些政策的制定与实施也取得了丰硕的成果，具体体现在以下三个方面：

一是财政支农政策不断完善，农村财政资金投入力度逐步加大。2018 年财政部数据显示，“三农”的中央财政支出已超过 2.07 万亿元，其中用于粮补、良种补、农资、农机等农民生活生产方面的补贴额度就多达 2500 亿元。从 2004 年到 2018 年，国家发放的农机购置补贴共计 2047 亿元。2017 年，国家投入到农村义务教育的经费支出为 1.94 万亿元，经费保障水平和结构不断优化。农村义务教育受惠学生的数量达到 1.5 亿人。学杂费和教科书免费的政策，以及中西部地区经济困难家庭、寄宿生的生活补助政策，极大地推进了义务教育的普及和教育质量的提高，贫困山区、边缘地区的学校基础建设、生活设施等得到明显改善。

二是国家的社保工作不断完善，覆盖范围不断扩大，保障水平不断提高。自 2011 年城镇居民社会养老保险试点工作开展以来，新农保和城居保试点不断扩展，受惠农民的范围不断扩大。截至 2018 年底，我国全国农民都纳入了养老范围，城乡居民养老保险参保人数超过 5 亿人。2018 年，国家财政用于社会保障和就业的支出达到 27084 亿元。与之对应地，医疗保障大幅度提升，2018 年城乡居民医保财政补助和个人缴费标准同步提高，各级财政人均补助标准在 2017 年基础上增加 40 元，达到每人每年不低于 490 元。

三是约束劳动力迁移的户籍制度也开始全面改革。为了加快劳动力的合理流动，国务院在 2014 年进行了户籍制度改革的战略部署，要求在户籍设计中消除歧视农业户籍的制度，都按居民户口来登记，且凡是与户籍登记制度相联系的福利制度，如教育、就业等制度，也应逐步消除二元特征。随后，全国很多地区如河南、黑龙江等省份纷纷进行户籍制度改革，开始实施居住证制度。

4.2 我国城乡统筹发展的现状

城乡统筹发展战略已经提出十多年了，城乡一体化的制度框架也已经初步形成，“三农”问题得到了一定程度的改善，但我们也应清醒地认识到，我国的城乡差距仍然存在，城乡统筹发展仍处于初级阶段，今后的统筹任务还非常艰巨，我们的不足也十分明显。

4.2.1 农业经济总量稳步提高，但城乡经济总量差距扩大

20 世纪 70 年代末，家庭联产承包责任制的实行调动了农民的生产积极性，农业生产效率得到大幅度提高，此后的几年间，农业、农村进入快速发展阶段。1980 年，我国农业产品增加值是 1359.4 亿元，到了 2018 年，该值增至 64734 亿元，增长了近 47 倍，农业经济整体发展规模增长很快。我们还应注意到，农业增加值在国家整体经济中的比重在 1983 年以后呈现不断下降的趋势，所占 GDP 比重由最高的 33%降为 2018 年的 7.2%左右（如图 4-1 所示）。而主要分布在城市的工业和服务业增加值占 GDP 的比重却呈不断增长的趋势，这说明我国农业与非农业经济总量的差距正在不断扩大。从生产效率的角度来看，2016 年我国劳均农业增加值是 5325.8 美元，是 2010 年的 4.2 倍，增长速度很快，但与其他国家相比则较低，仅相当于 2016 年英国的 10.84%、韩国的 28.34%、日本的 23.51%、美国的 6.36%。[①] 我国农业劳动生产率只占工业的 12.5%，而这些国家第一、二产业的劳动生产率之比已达 1∶4 左右，甚至更高。所以，我国的工业化率虽然已经有大幅度提高，但与之对应的农业生产效率却仍处于低水平发展阶段，二者差距较大。

① 孔祥智．我国农业劳动力数量和劳动生产率估算［J］．改革，2019（5）：38-47.

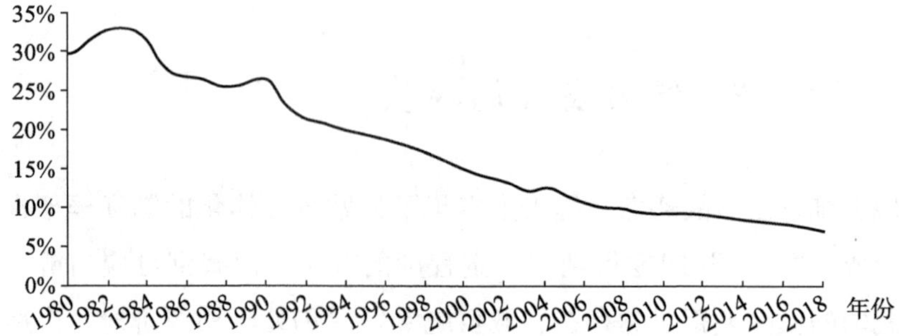

图 4-1　1980—2018 年我国农业增加值占 GDP 的比重

资料来源：根据《中国农村统计年鉴》历年数据整理。

4.2.2　农村居民收入有所增长，但城乡收入差距依旧较大

40 多年来的改革极大地推动了我国各项事业的快速发展，使我国综合实力不断提升，农村居民收入也在不断增长，生活水平不断提高，但城乡居民收入差距仍旧较大。21 世纪的前 10 年，城乡居民的人均收入之比总是不断扩大，前者的人均可支配收入增长速度远比后者快（见表 4-1）。2010 年，农村居民人均可支配收入增长速度首次超过城镇居民 3.6 个百分点，城乡收入差距缩小为 3.23 倍，比 2007 年的最高水平（3.33 倍）有所下降。近年来，我国城乡居民收入差距有所缩小，但是城乡居民收入绝对差距却过大。2018 年，城镇居民人均可支配收入为 39251 元，农村居民人均可支配收入为 14617 元，城乡收入比降为 2.69∶1，但仍处于较高水平。2000 年，城镇居民人均可支配收入比农村居民高出 4000 多元，到了 2018 年，这种差距竟高达 24000 多元，19 年间收入差距提高了近 5 倍。从城乡居民人均收入变化趋势来看，农村居民的收入增速已进入放缓阶段。在宏观经济调整期间，未来单纯通过提高收入水平来刺激经济发展的空间将十分有限，收入提高的空间也不会太大，工资进入新的风险波动期。农民收入渠道的狭隘性进一步降低了农民与城市居民在收入上的可比性，收入差距进一步拉大。从 2000—2018 年的家庭储蓄水平对比来看，19 年间城乡居民人均储蓄额的差距上升了 5 倍多，城市家庭总资产和财富净值分别是农村家庭的 11 倍和 13 倍，农民现有的收入水平落后于城市居民 15 年左

右。此外，政府给予城市居民的消费补贴和税收减免会进一步拉大该差距。

表 4-1 1995—2018 年我国城乡居民人均收入差距

年份	城镇居民人均可支配收入（元）	城镇居民人均可支配收入增长速度（%）	农村居民人均可支配收入（元）	农村居民人均可支配收入增长速度（%）	城乡收入比
1995	4283.0	36.72	1577.7	25.98	2.71
1996	4838.9	12.98	1926.1	20.08	2.51
1997	5160.3	6.64	2090.1	8.51	2.47
1998	5425.1	5.13	2162.0	3.44	2.51
1999	5854.0	7.91	2210.3	2.23	2.66
2000	6280.0	7.23	2253.4	1.95	2.74
2001	6859.6	9.23	2366.4	5.01	2.90
2002	7702.8	12.29	2475.6	4.61	3.11
2003	8472.2	9.99	2622.2	5.92	3.26
2004	9421.6	11.21	2936.4	11.98	3.21
2005	10493.0	11.37	3254.9	10.85	3.22
2006	11759.5	12.07	3587.0	10.20	3.28
2007	13785.8	17.23	4140.4	15.43	3.33
2008	15780.8	14.47	4760.6	14.98	3.31
2009	17174.7	8.83	5153.2	8.25	3.33
2010	19109.4	11.26	5919.0	14.86	3.23
2011	21809.8	14.13	6977.3	17.88	3.13
2012	24564.7	12.63	7916.6	13.46	3.10
2013	26955.1	9.73	8895.9	12.37	3.03
2014	28844.0	9.01	10489.0	11.20	2.75
2015	31195.0	8.23	11422.0	8.90	2.73
2016	33616.3	7.81	12363.4	8.21	2.72
2017	36396.2	8.32	13432.4	8.62	2.71
2018	39250.6	7.83	14617.0	8.83	2.69

资料来源：根据《中国统计年鉴》历年数据整理。

4.2.3 农民消费水平有所提高，但城乡消费水平与结构差距明显

宏观经济良好发展的关键一环就是要有与之相适应的消费水平和消费结构，这也是社会发展的终极价值体现之一。我国经济的快速发展已经为居民消费提供了坚实的基础，居民消费水平不断提高，但从城乡对比来看，城乡消费水平与结构差距还是较大。目前，农民的消费水平整体上仍低于城市居民，恩格尔系数偏高（见表4-2）。我国城乡居民的消费水平差距在改革初期有所缩小（1985年为2.2倍）。这是因为，农村土地制度的改革激发了农民的生产积极性，农副业得到快速发展。而城市改革刚刚起步，没有成功的经验可以借鉴，城市发展速度较为缓慢，此时城乡间的差距只是生存与温饱的差异。到了2007年，城乡收入差距扩大到了3.3倍，之后城乡消费水平差距也一直维持在3.5倍左右。近几年，城乡消费水平差距虽有所下降，但也在2.7倍左右（见表4-3）。城乡差距不仅表现在初级的生活水平上，投资性消费、发展性消费上的差距远甚于生存性消费上的差距。2018年，我国城乡居民收入比为2.69∶1，而生活性消费支出的比例则为2.2∶1，这说明农民的收入用于存储的比例也远不及城市居民。此外，农民消费结构中用于基础性消费的比重较大，而用于发展性、娱乐性的消费比重较低，仅饮食消费上的恩格尔系数都高出城市居民2.4个百分点以上。农民的衣食住行消费占到收入的六成以上，比城镇居民高一成左右。从家庭对耐用品和享受型的消费品的消费情况来看，城乡居民的消费层次差距也十分明显。从上述相关数据可以看出，农村居民消费水平从总体上制约了社会消费水平的提高，限制了经济的长期发展。因此，我国应继续提高农民收入，推进消费结构的合理化调整，努力促使城乡社会公平发展。

表4-2 1978—2018年我国城乡居民家庭恩格尔系数及其差异

年份	城镇居民家庭恩格尔系数（%）	农村居民家庭恩格尔系数（%）	城乡差异
1978	57.5	67.7	10.2
1979	57.2	64.0	6.8
1980	56.9	61.8	4.9

续表

年份	城镇居民家庭恩格尔系数（%）	农村居民家庭恩格尔系数（%）	城乡差异
1981	56.7	59.9	3.2
1982	58.7	60.7	2.0
1983	59.2	59.4	0.2
1984	58.0	59.2	1.2
1985	53.3	57.8	4.5
1986	52.4	56.4	4.0
1987	53.5	55.8	2.3
1988	51.4	54.0	2.6
1989	54.5	54.8	0.3
1990	54.2	58.8	4.6
1991	53.8	57.6	3.8
1992	53.0	57.6	4.6
1993	50.3	58.1	7.8
1994	50.0	58.9	8.9
1995	50.1	58.6	8.5
1996	48.8	56.3	7.5
1997	46.6	55.1	8.5
1998	44.7	53.4	8.7
1999	42.1	52.6	10.5
2000	39.4	49.1	9.7
2001	38.2	47.7	9.5
2002	37.7	46.2	8.5
2003	37.1	45.6	8.5
2004	37.7	47.2	9.5
2005	36.7	45.5	8.8
2006	35.8	43.0	7.2
2007	36.3	43.1	6.8
2008	37.9	43.7	5.8
2009	36.5	41.0	4.5
2010	35.7	41.1	5.4
2011	36.3	40.4	4.1

续表

年份	城镇居民家庭恩格尔系数（%）	农村居民家庭恩格尔系数（%）	城乡差异
2012	36.2	39.3	3.1
2013	35.0	37.7	2.7
2014	30.0	33.6	3.6
2015	29.7	33.0	3.3
2016	29.3	32.2	2.9
2017	28.6	31.2	2.6
2018	27.7	30.1	2.4

资料来源：根据《中国统计年鉴》历年数据整理。

表 4-3　1978—2018 年我国城乡居民消费水平差距

年份	农村居民消费（元）	城镇居民消费（元）	城乡消费水平对比（农村居民=1）
1978	138	405	2.9
1979	159	425	2.7
1980	178	490	2.7
1981	201	521	2.6
1982	223	536	2.4
1983	250	558	2.2
1984	287	618	2.2
1985	346	750	2.2
1986	378	872	2.3
1987	421	998	2.4
1988	509	1311	2.6
1989	549	1466	2.7
1990	627	1404	2.2
1991	661	1619	2.5
1992	701	2009	2.9
1993	822	2661	3.2
1994	1073	3645	3.4
1995	1344	4769	3.5
1996	1655	5382	3.3
1997	1768	5645	3.2

续表

年份	农村居民消费（元）	城镇居民消费（元）	城乡消费水平对比（农村居民=1）
1998	1778	5909	3.3
1999	1793	6351	3.5
2000	1917	6999	3.7
2001	2032	7324	3.6
2002	2157	7745	3.6
2003	2292	8104	3.5
2004	2521	8880	3.5
2005	2784	9832	3.5
2006	3066	10739	3.5
2007	3538	12480	3.5
2008	4065	14061	3.5
2009	4402	15127	3.4
2010	4941	17104	3.5
2011	6187	19912	3.2
2012	6964	21861	3.1
2013	7773	23609	3.0
2014	8711	25424	2.9
2015	9679	27210	2.8
2016	10783	29295	2.7
2017	11691	31098	2.7
2018	13062	33282	2.5

资料来源：根据《中国统计年鉴》历年数据整理。

4.2.4 农村基本公共服务建设不断加强，但城乡差距依然明显

随着新农村建设的进行，中央政府对农村基础设施建设的投资不断增加，农村基本公共服务水平逐年提高，但整体而言，国家财政对农村的投入仍远不及对城市的投入，城乡居民人均所能享受的基本服务在水平与质量上依然差距明显。例如，在卫生服务上，城乡人均卫生费用差距从1990

年的 120 元增至 2014 年的 2146. 1 元，增长近 17 倍（见表 4-4）。如果再从人均病床数、医生数量以及医生职业质量等指标来看，城乡的差距会更大。虽然近年来中央及各级政府加大了对农村公共医疗建设的投入，但是与城市优越的就医环境、高额的报销比例相比，农村的卫生条件依然十分落后，再考虑迁移农民的就医问题及数量庞大的就医人口需求，政府的财政支持仍然显得捉襟见肘。从表4-5可以看出，城乡每千人所拥有的卫生技术人员数、执业（助理）医师数、注册护士数差距较大，且城市中这些指标的增速远高于农村，高层次的医生、护士不断涌入城市，造成了城乡卫生资源配置的不均衡和卫生服务差距。

表 4-4　1990—2014 年我国城乡卫生费用差距

年份	城市卫生费用（亿元）	农村卫生费用（亿元）	城市人均卫生费用（元）	农村人均卫生费用（元）	城乡人均卫生费用差距（元）
1990	396. 00	351. 39	158. 8	38. 8	120. 0
1991	482. 60	410. 89	187. 6	45. 1	142. 5
1992	597. 30	499. 56	222. 0	54. 7	167. 3
1993	760. 30	617. 48	268. 6	67. 6	201. 0
1994	991. 50	769. 74	332. 6	86. 3	246. 3
1995	1239. 50	915. 63	401. 3	112. 9	288. 4
1996	1494. 90	1214. 52	467. 4	150. 7	316. 7
1997	1771. 40	1425. 31	537. 8	177. 9	359. 9
1998	1906. 92	1771. 80	625. 9	194. 6	431. 3
1999	2193. 12	1854. 38	702. 0	203. 2	498. 8
2000	2624. 24	1962. 39	813. 7	214. 7	599. 0
2001	2792. 95	2232. 98	841. 2	244. 8	596. 4
2002	3448. 24	2341. 79	987. 1	259. 3	727. 8
2003	4150. 32	2433. 78	1108. 9	274. 7	834. 2
2004	4939. 21	2651. 08	1261. 9	301. 6	960. 3
2005	6305. 57	2354. 34	1126. 4	315. 8	810. 6
2006	7174. 73	2668. 61	1248. 3	361. 9	886. 4

续表

年份	城市卫生费用（亿元）	农村卫生费用（亿元）	城市人均卫生费用（元）	农村人均卫生费用（元）	城乡人均卫生费用差距（元）
2007	8968.70	2605.27	1516.3	358.1	1158.2
2008	11251.90	3283.50	1861.8	455.2	1406.6
2009	13535.61	4006.31	2176.6	562.0	1614.6
2010	15508.62	4471.77	2315.5	666.3	1649.2
2011	18571.87	5774.04	2697.5	879.4	1818.1
2012	21280.46	6838.54	2999.3	1064.8	1934.5
2013	23644.95	8024.00	3234.1	1274.4	1959.7
2014	—	—	3558.3	1412.2	2146.1

资料来源：根据《中国统计年鉴》历年数据整理。

表 4-5　1995—2018 年我国城乡医疗卫生人员差距

年份	每千人口卫生技术人员（人）		每千人口执业（助理）医师（人）		每千人口注册护士（人）	
	城市	农村	城市	农村	城市	农村
1995	5.36	2.32	2.39	1.07	1.59	0.49
1996	5.30	2.33	2.34	1.08	1.60	0.50
1997	5.29	2.37	2.34	1.11	1.61	0.51
1998	5.30	2.35	2.34	1.11	1.64	0.51
1999	5.24	2.38	2.33	1.14	1.64	0.52
2000	5.17	2.41	2.31	1.17	1.64	0.54
2001	5.15	2.38	2.32	1.17	1.65	0.54
2003	4.88	2.26	2.13	1.04	1.59	0.50
2004	4.99	2.24	2.18	1.04	1.63	0.50
2005	5.82	2.69	2.46	1.26	2.10	0.65
2006	6.09	2.70	2.56	1.26	2.22	0.66
2007	6.44	2.69	2.61	1.23	2.42	0.70
2008	6.68	2.80	2.68	1.26	2.54	0.76
2009	7.15	2.94	2.83	1.31	2.82	0.81
2010	7.62	3.04	2.97	1.32	3.09	0.89
2011	6.68	2.66	2.62	1.10	2.62	0.79

续表

年份	每千人口卫生技术人员（人）		每千人口执业（助理）医师（人）		每千人口注册护士（人）	
	城市	农村	城市	农村	城市	农村
2012	8.54	3.41	3.19	1.40	3.65	1.09
2013	9.18	3.64	3.39	1.48	4.00	1.22
2014	9.70	3.77	3.54	1.51	4.30	1.31
2015	10.21	3.90	3.72	1.55	4.58	1.39
2016	10.79	4.04	3.92	1.61	4.91	1.49
2017	10.87	4.28	3.97	1.68	5.01	1.62
2018	10.91	4.63	4.01	1.82	5.08	1.80

资料来源：根据《中国统计年鉴》历年数据整理。

注：《中国统计年鉴》中未查到2002年相关数据，故表中未列出。

再从城乡教育方面进行比较。21世纪初，我国农村义务教育实行了免学费制，对偏僻贫穷的农村还增加了学生伙食补贴，农村义务教育的财政投入不断提高，这对发展农村教育、促进社会公平起到了重要作用。从教育经费投入来看，城乡生均义务教育财政经费差距较大。2018年，国家用于农村义务教育的生均财政支出比城市低779.4元（小学）、1859.6元（初中）。财政经费支出的差异导致优质教育资源分配不均，进而使农村孩子的受教育机会和质量也受到了限制，农村教育明显落后于城市。再看高中及以上学历层次的人口结构，城乡学历分割线更加明显（见表4-6）。其中，城乡人口结构中，具有大专和本科学历的比例差距不断扩大，具有研究生学历人口的城乡差距则高达49.5倍。城乡教育投资差距导致城乡人口学历上的差距，抑制了农民素质的提升，影响了社会进步。

表4-6 我国城乡受教育人口比例

	小学及以下	初中	高中	大专	本科	研究生
城市（%）	18.04	36.08	24.37	11.39	9.13	0.99
农村（%）	45.31	44.91	7.73	1.54	0.49	0.02
城市/农村	0.40	0.80	3.15	7.40	18.63	49.5

资料来源：根据《第六次全国人口普查汇总数据》整理。

第 5 章

我国城乡统筹发展中的制度安排及其对城乡失衡的影响

世界上很多发达国家和发展中国家在发展到一定程度后都会将重心放在城乡均衡发展上。鉴于各国的国情和历史文化差异，虽然选择的路径、发展模式不同，但一体化发展的理念是一致的。我国40多年的改革历程也印证了世界发展之路——没有一个现代化的国家是在长期的城乡分割状态下平稳发展的。改革开放以来，我国做了不少努力，采取一系列措施来平衡城乡关系，并制定实施了城乡统筹发展战略，城乡二元分割的状态得到了改善，城乡统筹发展效果明显。但是，我国作为发展中国家，离城乡一体化还有一定差距，究其原因，主要在于相关制度安排存在缺陷，对农村的倾斜不足，与缩小城乡差距、实现城乡统筹的目标还不相适应。本章主要梳理和评析城乡统筹发展中的相关制度安排及其对城乡失衡的影响，主要涉及户籍制度、农村土地制度、劳动就业制度、社会保障制度和财税制度。

5.1 我国的户籍制度安排及其对城乡统筹发展的影响

我国的户籍制度是随着新中国的成立而产生并不断发展和完善的，但其发展过程相对缓慢，也造就了其内容及可操作性等制度特征上的独特性，表现为它不是一项独立的人口管理制度，而是具有多重管理目标取向的黏附性制度，基于户口登记和管理来不断吸附其他制度。因此，制度的变革滞后于经济与社会的发展，难以满足现实需求，户籍制度改革之声越发高涨。虽然我国也在不断探索户籍制度改革，但就改革成效而言，目前政府关于户籍制度的改革措施仍与城乡一体化、城镇化发展存在一定差距，而且在实践层面也似乎陷入了“改革陷阱”，进入“临时户口—居住证—常住户口”相衔接的路径锁定，这在一定程度上影响了城乡统筹发展的进程。本节将分析城乡统筹进程中的户籍制度安排及其对城乡统筹发展的影响。

5.1.1 城乡关系演变下的户籍制度变革

户籍制度属于上层意识形态，具有一定的客观自然属性和社会属性，因而它所具有的社会功能也有客观性和主观性。其客观性是指户籍制度的设计者必须科学、客观地依据人口自身发展的规律进行制度设计，遵循社会经济发展规律，使户籍制度与其他基本制度融合、协调发展，否则户籍制度本身的设计便失去了客观基础和存在的意义。此外，户籍制度的功能与内容也具有客观性，主要体现在对人口进行登记和管理两大方面——记录和管理着与人口出生、死亡、婚姻和迁徙等有关的社会活动。户籍制度的主观性主要表现为治理与协调社会生产关系的特性，即户籍制度不仅仅是针对人口发展的基本规律而设计的，还要体现出不同社会阶层的利益诉求和国家政治要求。新中国成立后，户籍制度在经济与社会发展过程中一直扮演着社会利益分配与调整的角色，通过对人口流动的限制与管理，实现经济与社会的发展、区域和阶层的利益分配管理等功能，如教育制度、福利制度等都是建立在户籍制度的基础上。为此，在分析户籍制度的功能与变革时，必须运用历史分析方法和对比分析方法，时刻把握现实的发展对户籍制度的要求与推动，反映户籍制度与其他社会制度的协调程度以及居民的客观需求。

5.1.1.1 我国城乡二元户籍制度初步形成阶段（1949—1957年）

为了重建城市工业体系、缩小城乡差距，新中国成立初期，我国政府将工作重心转向城市，制定了城乡互助发展计划，重视城市和工业对农村与农业的引领作用。在城市，实行了经济改造政策，严厉打击经济投机、官僚资本等分化国家政权的活动，通过国有经济的主导作用实现国家经济的掌控权，进而巩固国家的发展。在农村，通过土地改革使农民掌握了土地和生产资料，废止了地主阶级对农民的盘剥，促进了农业生产力的发展。通过商业经济的国营、合作经营模式的改革，实现城乡物质资源的合理流动和配置，缓解了资源匮乏、资金短缺的现状，进而提高了土地、劳动力、资金等生产要素的使用效率。在国家宏观经济体制改革的同时，户籍制度应运而生并为之服务。户籍制度最开始是在城市实行，主要以人口资料的收集、人口流动的管理为基础，达到掌握社会阶级关系动态、稳定社会政治、快速发展经济的目的。例如，1950 年《关于特种人口管理的暂行办法（草案）》出台，1951 年又发布了《城市户口管理暂行条例》。伴随着土地改革的发展，农村也开始建立户籍制度。在这一时期，户籍管理相对比较宽松，很多农村居民迁入城市，致使城市在粮食、住房及一些公共服务上供给紧张。为了缓解粮食、住房及公共服务供给方面的压力，户籍制度限制人口流动的功能开始启用，对农村人口向城市迁徙做了各种限制。随着《农村粮食统购统销暂行办法》和《市镇粮食定量供应暂行办法》的实施，我国户籍制度的分配功能也开始发挥作用，逐渐成为城乡居民资源与利益分配的制度依据。

该时期户籍制度的功能主要聚焦于人口基本管理，侧重于统计个人、家庭和社会人口的经济特征，为政府了解人口状况、解决失业等问题提供人口资料支撑，也便于政府提高社会治安管理水平，有效打击反革命活动，维护新生政权的稳定。户籍制度还具有限制和分配功能，在设计上开始对居民身份有所区分，并逐渐把粮食、住房供应等与其相联系。

5.1.1.2 我国城乡二元户籍制度强化阶段（1958—1977 年）

计划经济的实行在短时间内快速地推动了工业经济的发展，积累了国家财富，提高了国家综合实力。但是，高积累、低消费的发展目标和制度设计间的不协调逐步暴露，工业扩展与失业、城乡资源和利益分配失衡、区域经济发展盲目等一系列问题出现。长期注重积累而忽视个体发展的经济发展模式导致居民福利低下、城乡利益矛盾突出、经济结构趋同、资源快速枯竭、环境污染严重等问题，严重背离了改革发展的初衷。在此期间，城乡二元户籍制度适应了国家发展需要，得以强化与巩固。1958年通过的《中华人民共和国户口登记条例》，在法律上明确规定城市居民是非农业户口身份，而农村居民是农业户口身份，并对拥有农业户籍身份的人口向城市流动做出了严格限制，不允许他们随便迁往城市。

为了适应国家整体社会经济发展的需要，该时期户籍制度的主要功能包括：①加强社会管理。通过人口信息的统计，进一步促使社会稳定，创造团结、协调的社会大环境，更好地服务于经济建设。②突出制度的限制性功能。二元社会发展制度造就了区域差距的出现和社会分层明显化。20世纪60年代初期，国家制定了限制居民迁移与就业的户籍制度，主要针对农村居民向城镇迁移的现象，而城市间的迁移限制相对较宽松，其目的是减少城市就业压力、维护社会发展稳定。20世纪70年代末，继高考制度、下乡知青返城工作制度安排之后，国家又对户籍制度进行了改革，其目的是保障国家智力发展的需要，纠正之前社会运动造成的不良影响，维护社会稳定。③分配功能得以固化。二元户籍制度不仅通过农业户籍和非农业户籍将中国公民划分为“城里人”和“乡下人”两种不同的地域身份，还是国家有区别地配置公民待遇和福利的主要抓手，其他制度如教育、医疗、社会保障等都以户籍制度为基础形成明显的城乡分割。

5.1.1.3 我国城乡二元户籍制度有限调整阶段（1978—2001年）

20世纪70年代末，我国走上了对传统经济体制改革的道路。在农村，随着家庭联产承包责任制的推行和商品流通体制的改革，农村产业结构出现了分化，加工业、服务业不断发展，乡镇企业经济活跃，与此同时农村剩余劳动力不断增加，乡—镇—城人口流动日趋频繁。在农村进行改革的同时，尤其是农村改革取得了成功以后，城市经济体制改革也开始进行，经济规模的扩大和产业结构的调整使得城市对劳动力的需求大增。城乡生产关系的改革和城乡利益的差距促使大量农村剩余劳动力进入城市，形成了独具中国特色的“民工潮”。为了适应经济发展的需要，我国的户籍制度管理有所松动，开始允许农村人口在城市有条件地落户。20世纪80年代初，国务院制定了关于专业技术干部的农村家属迁往城镇及粮食供应等规定，“农转非”户籍制度改革启动。之后，随着农民进镇落户政策、居民身份证条例等一系列政策的推行，传统户籍制度的限制功能逐步弱化，突出了户籍制度与职业的匹配性，户籍登记形式仅分为常住户口、暂住户口、寄住户口三种形式。1997 年和 2000 年，国务院分别颁布了《小城镇户籍管理制度改革试点方案》和《关于促进小城镇健康发展的若干意见》，允许农民有条件地落户城镇，小城镇对农民开放的速度加快。2001 年，国家又出台了《关于推进小城镇户籍管理制度改革的意见》，进一步放宽了农民落户小城镇的条件，鼓励农民迁移到小城镇。

该时期的户籍制度适应了经济体制改革的要求，突出了服务于人口流动的历史大背景，其中的流动限制性功能逐渐弱化，适应了积极发展小城镇、适当发展中等城市、严格控制大城市的城镇化发展策略。此外，户籍的管理服务功能逐步得以完善，将静态管理与动态管理相结合，科学、合理、准确地区分了人口信息，杜绝了人户分离。身份证制度的推行，实现了人口管理方式向个人化和证件化的转变；职业和居住地替代商品粮成为划分农业人口和非农业人口的标准，户口登记与管理制度涵盖常住人口、暂住人口、寄住人口三种类型。市场经济的快速发展使产品经济短缺的问题逐步得到缓解，产品的计划调配方式逐步解体，因此过去按照户籍特征进行生活必需品分配的现象基本不复存在，户籍制度的分配功能逐步减弱。

5.1.1.4 我国城乡二元户籍制度一体化探索阶段（2002 年至今）

2002 年以来，随着城乡统筹战略的实施，我国城乡二元户籍制度进入一体化探索阶段。2003 年，我国颁布了《中华人民共和国居民身份证法》，给公民权利以法律保障，由此建立城乡一体化户籍制度成为我国户籍制度改革的基本方向。同年，陕西省率先在全省进行户籍制度城乡统一改革，实行城乡户口统一登记。随后，类似的户籍制度改革在山东、江西等省份相继实施。户籍制度进一步放松了农村人口向中小城市迁移的限制。2010 年，成都和重庆作为全国城乡统筹试验区，大胆进行户籍制度改革，放宽条件，鼓励农民到主城和区县落户。为了吸引更多人才，2011年，广东实行积分制入户，只要达到一定的积分，就可落户广东。2013年，《关于加快推进户籍制度改革的意见》颁布实施，把在迁入地拥有合法稳定的职业和住所作为户口迁移的重要条件。2014年，《关于进一步推进户籍制度改革的意见》颁布，明确了建立城乡统一的户口登记制度，将我国的户籍制度改革推进深水区。2016年，我国户籍制度实行全面改革，二元户籍制度开始退出历史舞台。

这一时期，随着越来越多的农村人口流向城市，户籍制度的利益与资源分配功能显得格外突出，但其内容却由传统的棉、粮、油必需品分配功能向社会福利资源的分配功能转变。户籍制度分配功能的突出表现是以户籍为基础提供不同的城乡公共产品，如城乡居民所享受的社会保障差距很大，农村教育资源短缺，流动人口子女教育受歧视等。总之，户籍制度背后所隐含的不平等日渐凸显，不同户籍身份的待遇差异较大。这一阶段的户籍制度改革设计主要围绕城乡一体化战略展开，已开始逐渐剥离与其相连的各项福利。就目前全国各地的具体实施情况来看，户籍制度改革仍不乐观，还存在很多问题。尽管全国大部分城市已经建立城乡统一的户口登记管理制度，取消了农业、非农业的二元户口性质划分，但原来不同性质户口上绑定的福利权益尚未完全剥离，居住地城乡户籍承载的社会福利二元化仍然较为明显。

5.1.2 城乡统筹进程中户籍制度的缺陷

户籍制度的改革要以基层居民的真实需求为基础，避免上层脱离客观现实而决策，具有典型的诱致性变迁特征。户籍制度改革应以社会公平为基本价值取向，为建立协调的城乡发展关系服务。在城乡统筹发展战略大力推进的今天，我国的户籍制度已经取消了农业户口和非农业户口的差别，旨在推动农村剩余劳动力的流动、维护社会公平。但实际实施效果并不理想，主要表现在以下三个方面：一是落户成为城市人才竞争的工具，农民难以享受普遍的待遇；二是户籍依旧绑定着一定的福利政策，不同区域的户籍所享受的福利待遇有一定的差异；三是农民落户城市的意愿降低，中小城市户籍缺乏吸引力，而大城市较高的生活成本也抑制了农民的户籍转移。因此，显性的户籍制度所带来的二元差异虽然明显减少，但户籍制度下的隐形福利权益差异却与农民捆绑在一起，以户籍制度为核心的一系列包括就业、社会保障、公共服务等在内的派生制度安排，依然在一定程度上阻碍着农民的自由流动。

5.1.2.1 *劳动就业以户籍为标识，存在进入与薪酬限制*

为了配合与适应计划经济体制的推进，我国就业制度在建立之初便以户籍制度为依据，将全国劳动力划分为城镇职工和农村劳动力两大群体，城镇职工通过统一调配制度在城市第二、第三产业获得工作岗位与福利待遇，农村劳动力则通过人民公社体制实行属地管理，自谋就业。在此就业体制下，城乡劳动力由于不同的户籍身份而享有不同的就业权利与社会地位。改革开放以后，随着劳动力市场的建立与发展，现行就业制度限制农民进城务工的作用在市场机制的调节下逐步减弱，广大农民开始投身于国家经济与城市建设。近年来，劳动就业制度也在不断完善，但进城务工农民的身份与社会地位并未真正改变，农民工仍面临着“同工不同权”的问题，不能享有完善的就业及劳动权益保障。具体表现为：①农民工就业受到不公正待遇，就业保障体系不完善。一些城市仍将户籍制度作为劳动力配置的依据，不仅限制农民工就业的行业，还对农民工城市就业总量进行限制。我国出台的《劳动法》《就业促进法》虽然强调了劳动者平等就业的权利，却未明确若某些主体侵害农民工就业权利应承担什么样的法律责任。《劳动保障监察条例》也未将就业限制作为监察重点。②农民工就业培训的缺失与错位。近年来，国家加大了对农民工就业培训的力度，先后推出“阳光工程”“农民工培训示范基地建设工程”“进城务工优秀青年培训计划”等项目，但仍有半数以上的农民工未能参加相应的职业培训，且已经接受的技能培训与现实工作脱节。③农民工就业信息与渠道闭塞。与城镇职工相比，我国大多数农民工仍处于无组织的原始就业状态，就业信息和就业渠道仍不完善，广大农民工缺少必要的就业信息档案，主要还是通过亲戚、熟人、老乡等获取工作信息。

5.1.2.2　社会保障与户籍关联，福利标准存在差异

改革开放以前，我国的社会保障制度主要偏向于城镇居民，以单位为载体来提供医疗、养老及工伤保险，而广大农民则主要靠土地和家庭进行自我保障。改革开放以后，特别是进入21世纪以来，中央意识到城乡社会保障差距的严重性与危害性，通过建立新型农村合作医疗制度、新型农村养老保险制度、农村社会救助体系等一系列社会保障制度，基本实现了社会保障体系的城乡全覆盖、人人享有基本生活保障的目标。从城乡统筹的角度来审视，现行社会保障制度在一定程度上实现了“公平性、流动性、可持续性”的政策初衷，但鉴于区域经济发展差异和其他制度差异，城乡间的福利差异、城市间及城市内部的差异、乡村内部的差异依旧存在，甚至在某个时间点或个别地区有扩大的现象。加之社会保障制度与户籍制度及区域政策交织在一起，使得城乡社会保障关系跨区转移存在较多问题，进城务工农民群体的社会保障权益难以形成标准一致性。从城乡居民享受社会保障的总量来看，城镇居民只占全国人口的60%，但享有的社会保障支出却占总支出的80%，农村居民占全国人口的40%，但享有的社会保障支出仅占总支出的20%。从城乡居民人均占用社会保障费用来看，2018年我国城镇居民人均医疗保险支出为3313元，农村居民人均医疗保险支出为1183元，两者相差2130元。

5.1.2.3　城乡教育资源分配以户籍制度为前提，存在不公平发展

20世纪50年代初，在教育资源短缺和工业化优先发展战略的双重制约下，我国教育供给制度自然而然地与户籍制度相捆绑，建立了城乡教育“两条腿走路”的供给机制，城乡教育在发展取向、投资渠道、办学条件、教师素质等方面的二元格局得以形成。20世纪80年代以后推行的城乡教育“梯度”发展战略强化了这种差距。21世纪以来，随着城乡教育均衡发展战略的实施，国家建立了“各级政府共担”的农村义务教育供给机制，出台了一系列支持农村教育发展的政策，极大地改善和提高了农村教育发

展水平。但我国城乡教育非均衡发展的态势依然存在，城乡义务教育在经费投入、办学条件、教师待遇、教学质量等方面的差距仍然巨大，农民工随迁子女教育权利受损。2009—2018 年，城乡小学生均经费差距由 921 元扩大至 1234 元，中学生均经费差距由 1207 元扩大至 3147 元，分别增长了 34%和 161%。随着农村大量优秀师生资源流入城市，农村教育呈现萎缩与衰败态势。城镇化进程的推进带来城乡教育二元化的新形态，进城务工的农民工随迁子女由于缺少城市户籍身份而在享受城市教育方面受到歧视，如城市公办学校在招收农民工子女时往往设置诸多限制。由于许多城市的中考和高考都与户籍制度挂钩，农民工子女也面临着义务教育之后的边缘化问题。

5.1.2.4 土地制度与户籍制度相互影响，土地溢价补偿不同

《中共中央关于全面深化改革若干重大问题的决定》中提出了市场在资源配置中起决定性作用和推进城乡要素平等交换的理念，这在一定程度上促进了土地流转、提高了土地规模收益。与此同时，户籍制度的改革取消了农业户口和非农业户口的划分，旨在推动劳动力的合理流动、加快乡村建设。但是，从现实的实施效果来看，农民的利益、身份依旧和土地捆绑在一起，即使农民落户到城市后可以对土地拥有长期的使用权，但住房制度、教育制度、就业制度和社保制度等并未完全实现城乡并轨。在巨大的生活成本压力下，以及社会阶层的等级划分中，大部分农民在竞争中依旧处于劣势地位，因而对土地具有强烈的依附意识，并将其作为最后的保障资本和心理依靠。因此，在其他福利制度改革未能彻底摆脱二元利益格局之前，户籍制度的隐形利益会影响土地制度的实施效果，市场对土地要素资源决定性配置的作用也会受到一定限制。具体而言，首先，城乡土地溢价价格差距较大，城市土地征用与农村土地征用所支付的赔偿差距明显；其次，农村土地征用后大多采取一次性补偿，失地农民的再就业成为新的难题；再次，新的土地修正法案虽然在很大程度上保证了农村土地的“三权分置”，激励农村土地规模经营，但目前的实施效果和农民的积极性仍有待提升。

5.1.3 户籍制度的缺陷对城乡统筹发展的制约

5.1.3.1 城乡二元结构依然存在，城乡居民福利差异较大

户籍制度将我国公民与一定身份地位和地域发展捆绑在一起，并以此为依据分配权利、机会与待遇，这促进了市场效率、激励了区域经济发展，但在一定程度上又造成了城乡差异，使得城乡二元社会结构在短时间内难以消除，形成了城乡居民在权利、机会和福利待遇上的不平等。这种户籍制度与其他福利制度在对接、匹配上出现的错位制约了城乡统筹的发展与融合，所以一些省份和地区在不断地进行户籍制度的深层次改革，探索福利分配格局的具体实现机制和路径。具体而言，城乡居民在多种福利制度上所享受的权利与户籍制度捆绑的福利制度相关，基础的利益分配待遇及其差异并未有实质性的触动：与城市居民相比，农民工群体难以获得同等的就业权利及保障，在工资、保险、公会参与等劳资关系上存在较大差异，在教育、社会保障、公共服务等方面也难以享受同等待遇。总之，户籍制度下隐形福利权益的存在使得我国出现了所谓的经济学“悖论”，即城乡差距并未因农业剩余劳动力的转移而缩小，反而呈现逐渐拉大的趋势。

5.1.3.2 农村劳动力转移动力不足，延缓城市化进程

中国特色城镇化道路的独特性在于它是破解中国农村、农业、农民问题的重要出路，其基本目的是通过将农村人口转移到城镇来优化城乡人口布局。虽然现行户籍制度旨在推动劳动力的自由流动，实现人力资源的合理配置，但是人口的迁移成本和城市生活融入感却不能单纯依靠户籍制度来解决，在住房、就业、社保、教育等福利制度未完全统一的情况下，户籍制度改革的效应难以真正体现出来，大城市对普通劳动力落户的限制更是阻碍了农村劳动力的转移。在追求城市竞争力排名的现实情况下，户籍改革仅限于人才的引进，而非针对普通的农村劳动力，从而导致我国城市化道路呈现出“大城市快速发展与农村低收入同步、都市发展与农村过密化并存”的特征，城市化进程落后于工业化进程。自 1978 年以来，我国

城镇化无论是规模还是速度，均呈现加速发展趋势。截至2018年，我国常住人口城镇化率已达到59.58%，而2010年底该值仅为49.7%。预计到2020年底，我国常住人口城镇化率将达到60%左右。但是，这仅是劳动力的城市化，而非人的城市化。2018年，我国户籍人口城镇化率仅为43.37%，比常住人口城镇化率低了16.2个百分点。这意味着在城镇人口总数中，还有很多农民工及其家属难以拥有城镇户籍。这些拥有农村户籍的人口虽然居住在城市，但由于依附于户籍的社会配套制度的缺失，他们在社会保障和劳动权益等方面均难以获得与城市居民相同的待遇，农民城市化的风险和难度加大。

5.1.3.3 制约产业结构升级，阻碍工业化发展

随着工业化进程的推进，产业结构也在不断变化，这些变化在产业之间与产业内部表现出一定的规律性：在产业之间关系上，表现为第一产业在总产值和劳动就业构成中的份额显著下降，第二、第三产业的产值份额和就业构成份额都会增加；在产业内部关系上，表现为由劳动密集型的初级产品加工业逐步向资本密集型的资本品加工业转化。这两大转化的前提条件是允许人口拥有流动、迁徙、居住、择业等自由，这也是工业发达国家顺利实现工业化的一个重要经验。户籍制度虽然旨在促进人口流动、优化劳动力资源配置，但是其隐形福利权益差异及潜在效应制约了农村劳动力的自由流动，使得进城农民工的社会融入感不强，工业化进程中所需要的大量廉价劳动力被排除在工业文明之外。此外，农村人口的人力资本存量较低，难以适应工业结构升级中的劳动力市场需求，低端、有限的岗位设置无法吸纳大量的剩余劳动力，进而也会阻碍产业结构从劳动密集型轻工业向资金和知识技术密集型产业的升级转化，造成科技对低层级劳动力的挤出效应。同时，大量农村剩余劳动力滞留在农业部门内，制约着农业的规模化、专业化与机械化发展，也使得工业化的推进缺乏强大的现代农业基础与保障。

5.1.3.4 生产要素流动受限，制约农业与农村发展

从表面上看，户籍制度与劳动力要素紧密结合在一起，而和物质生产

要素关系较远，但通过人口因素这个中间媒介，可看出户籍制度与物质生产要素之间具有重要的因果关系。首先，社保等福利制度通过户籍制度与农村劳动力捆绑在一起，农村劳动力的就业效果、融合效果等不理想，其消费、储蓄等就会受到限制，货币资本流通也会受限。其次，土地资源的流转因劳动力就业受到一定的影响。在城乡转移过程中，因为就业渠道狭窄和工资收入的不稳，农民的土地流转积极性不高。传统的土地依赖情结和现实的生活压力使得土地耕种的规模效益不高，部分地区出现季节性的荒废、耕地面积细碎化等现象，进而致使农业经营粗放化，生产成本逐年上升，农业竞争力难以提升。

5.2 我国的农村土地制度安排及其对城乡统筹发展的影响

作为农村的基本经济制度，土地制度对农民来说非常重要，是农民生存的保障。21 世纪以来，农村的土地制度也在不断进行改革，但在实践中，仍然存在耕地被占用、土地流转不畅、农民利益受损等问题，这在一定程度上阻碍了城乡统筹发展。本节将分析城乡统筹进程中的农村土地制度安排及其对城乡统筹发展的影响。

5.2.1 城乡关系演变下的农村土地制度变革

随着城乡关系的发展，我国的农村土地制度也发生了相应的变化。在不同时期，发展和改革的重点不同，土地制度的安排也会随之改变。为了更科学地制定推进城乡统筹发展的土地制度，我们有必要对不同阶段城乡关系演变下的土地制度安排进行梳理。

5.2.1.1 城乡二元结构形成与固化时期的土地制度改革（1949—1977 年）

新中国成立之初，国家的战略重心在农村、农业和农民。1950 年《中华人民共和国土地改革法》颁布实施，这一法令直接废除了封建剥削的土地所有制，改为实行农民土地所有制。截至1953年初，全国除新疆等少数地区以外，大部分地区基本完成了土地制度改革，建立了农民土地所有制。农民土地所有制是一种有利于农村、农业和农民发展的制度安排。

农民土地所有制在全国普及之后，我国制定了重工业和城镇优先发展的战略。在此背景下，我国的农民土地所有制逐步走上了合作化的道路。随着1953年《关于发展农业生产合作社的决定》的颁布，我国农村土地制度开始向农业生产合作社制度转变，最终人民公社制度取代了农业生产合作社制度。农村土地产权的集体化和公有化运动以及相应的制度变迁使国家和政府从农村、农业和农民那里获取了大量剩余价值，促进了城镇的快速发展，因此是种偏向于城镇的制度安排。

在人民公社制度下，农村土地归人民公社所有，这种制度安排直接否定了农民对土地的产权关系。平均主义使农民的私人收益率低于社会收益率，因此严重挫伤了农民从事生产活动的积极性，从而导致农业生产缺乏效率。农民的温饱问题也长期得不到解决，致使他们对当时的土地制度很不满，强烈要求进行土地制度改革。这一时期，土地在城市和农村之间流动是不允许的，若要流动，也必须按计划通过行政方式进行。比如，在城市，要获得土地，就必须采取行政征用。农地利用也是严格按照国家计划来执行，而农村的宅基地、集体建设用地则更是严禁流转。

5.2.1.2 城乡二元结构改善时期的土地制度改革（1978—1984年）

人民公社制度是一种对农村涸泽而渔式的制度安排，相应地，农村土地制度也具有涸泽而渔的性质。因此，这种制度安排既没有实现国家优先发展重工业和城镇的既定战略目标，也使农村、农业和农民的发展遭到巨大破坏。所以，改革开放初期，国家将战略重心重新转移到农村、农业和农民。1978年12月，党的十一届三中全会召开，历史的经验与教训使国家开始逐步尊重农民对土地的自主使用权。同时，农民希望改革农村土地制度从而获得更多农村土地产权的需求也越来越强烈。党的十一届三中全会召开前夕，在生存的威胁下，安徽省凤阳县小岗村的几十位农民以签订生死契约的形式开始自主探索农村土地制度创新。供给与需求相结合，中国终于在 1978 年末启动了农村土地制度改革。从 1979 年开始，一直到 1984 年，农村从原来的包工到组发展为包产到户，最后发展到包干到户，不断地对原来的人民公社体制进行改革，最终使家庭联产承包经营制度得以确立，并在全国推广开来。这一制度安排极大地调动了农民的生产积极性，农业生产效率不断提高，农业净产值平均增长 6.4%。在城市，当时国有企业正在进行以权利换效率的改革，只不过还处于起步摸索时期，城市的经济发展速度并不快。随着农村经济的快速发展，城乡之间的差距有所缩减。1978 年，城乡居民收入比、城乡人均消费水平比分别为 2.57∶1 和 2.9∶1，到 1984 年，这两个比值分别降为 1.84∶1 和 2.3∶1。

虽然农村家庭联产承包责任制得以普遍推行，但整体而言，农村仍然是按行政计划方式来配置土地资源。1982 年的《宪法修正案》修改了土地征用制度，但修改范围很有限，基本上还是沿用改革开放之前的形式，只是调整了补偿标准，土地征用即农村土地非农化仍采取行政方式进行。虽然对农村的宅基地、集体建设用地的需求在不断增加，但国家还是限制其流转。

5.2.1.3 城乡二元结构反弹固化时期的土地制度改革（1985—2001 年）

从 1985 年开始，国家改革的重心不再是农村，而是从农村转向城市，大力发展城市经济。城市经济由此得到快速发展，因城市建设需要，大量耕地被占用；而此时的农村，家庭联产承包责任制改革的边际递减现象已出现，经济发展缓慢，城乡差距较大。

家庭联产承包责任制在我国改革开放初期释放了巨大的能量，在很短的时间内促进了我国农业生产的迅速发展。但是，1985 年之后，家庭联产承包责任制的边际改进效应不增反降。在家庭联产承包责任制下，农村土地是分给个体农户来使用的，这就使农地利用的规模越来越小；同时，农村存在大量剩余劳动力，他们可以从事一些非农就业，但其土地却不能流动，致使农业生产缺乏效率。全国粮食总产量在 1984 年还可达到 40731 万吨，到了1988年，则降至39408万吨。为了促进农业生产效率的提高，1986年我国发布了中央一号文件，发出耕地应向种田能手集中的号召。1986年修订《中华人民共和国土地管理法》时再次强调，土地使用权可以依法转让。为了使农民拥有更为稳定的农村土地使用权，调动农民的生产积极性，1998年再次修订的《中华人民共和国土地管理法》将承包期延长为30年。

随着实践的发展，农村土地的承包权和经营权开始自发流转，但是并没有相应的法律法规对其进行规范。虽然1988年以来的相关法律制度允许土地使用权依法转让，但在实践中仍然存在许多阻碍农村集体土地流转的因素。1999—2000年，我国国土资源部开始在芜湖市、南海市等地正式进行农村土地流转试点的相关试验。尽管如此，农村集体建设用地的流转仍被限制在很小的范围之内，而且不能流转用于非农建设。由于无法把土地的使用权和所有权拆分，农村宅基地的流转更少。很多建设用地被闲置，不能很好地被利用，同时大量的耕地却被占用，浪费情况极为严重。1985—2001年，城市也进行了土地制度改革，这次改革引入了市场机制，让市场去配置土地，城市的土地市场基本形成。当时，农村的土地制度改革还没有引入市场机制。

5.2.1.4 城乡统筹发展时期的土地制度改革（2002年以后）

进入21世纪以后，随着农村剩余劳动力的大量转移，土地流转也不断增多，我国于2003年颁布了《中华人民共和国土地承包法》，强调要对农民的土地承包经营权进行依法保护，并依法规范土地流转。2007年颁布实施的《中华人民共和国物权法》更是以用益物权的法律形式来规范土地承包经营权。党的十七届三中全会则明确要求，给予农民更为充分和有保障的承包经营权，保证农村的土地承包关系长期稳定不变。

关于农村宅基地制度，我国国土资源部于2004年颁布了《关于加强农村住房用地管理的意见》，其中明确禁止城市居民在农村购买房屋，并强调城市居民若违规在农村购房建房，是不受法律保护的，对其不颁发土地使用证书。2008年出台的《关于推进农村改革发展若干重大问题的决定》更加明确地强调，要对农村宅基地进行更为严格的制度管理，通过完善相关的法律法规，严格保护农民的宅基地相关权益。

关于农村集体建设用地，国务院于2004年做出了《关于深化改革、严格土地管理的决定》，其中明确规定，必须依照相关法律规定对农村集体建设用地进行流转。广东省于2005年出台了《集体建设用地使用权流转管理办法》，其中明确提出农村集体建设用地可以出让、转租等多种方式进行流转。2008年召开的党的十七届三中全会更是强调要依法保护和完善土地承包制度，使农村土地流转市场尽快规范、有序运转起来。

2013年党的十八届三中全会以后，我国又开启了新的一轮土改，确权赋能，积极进行土地制度改革。2016年，《关于完善农村土地所有权、承包权、经营权分置办法的意见》颁布，在农村进行土地所有权、承包权、经营权"三权分置"。2017年党的十九大明确提出，第二轮土地承包到期后要再延长30年。2018年末，全国共有2838个县开展了农村承包地确权登记颁证工作，把14.8亿亩承包地确权给了2亿多农户，有力地促进了农村土地流转。2019年，我国又修订了《土地管理法》，对耕地、建设用地、承包经营权等做出了详细的规定，这在一定程度上为保障农民权益、保护耕地基本线、合理规划农村建设用地提供了法律上的保障。总体来说，2002年以后，我国土地制度改革的重点在于引入市场机制，让市场机制对农村土地进行配置，提高农村土地收益，但土地使用过程中仍存在一些问题。

5.2.2 城乡统筹进程中农村土地制度的缺陷

20世纪80年代开始实行的家庭联产承包责任制是一个重大的创新，它历史性地对农村土地的使用权与所有权进行了分离，农村集体保留了所有权，而农民则享有土地经营权。这种分离一开始极大地激发了广大农村群众的生产热情，但随着城市化进程的加快，农产品生产的利润和工业产品的利润出现较大差异，农村土地收益增长缓慢，城乡差距较大。目前，承包地确权工作在全国开展，农村土地也进行了"三权分置"，这些都有力地促进了农村土地流转，增加了农民收益，但农村土地制度还存在一些缺陷，不利于城乡统筹发展。

5.2.2.1 土地使用权分配过程模糊，容易引发争端

虽然农村土地在《土地管理法》中被明确规定为属于“集体所有”，但是“集体”这一概念的使用在分配中存在不清晰现象，法律上并没有指明这个“集体”是谁。乡镇政府、村民委员会可以是集体土地的所有者，村民小组、自然村也可以是集体土地的所有者。也就是说，农村土地的所有权主体并没有明确的所指对象。2016 年，土地确权工作在我国农村地区全面进行，但土地的所有权还只能确认归属到集体经济组织这一层级。在现实中，“集体经济组织”是个很抽象的概念，没有具体化，到底什么是“集体经济组织”谁也说不清，从而使得许多农村集体经济组织名存实亡，不能对农村土地进行统一管理和经营。一些农村村民委员会在事实上成为“集体经济组织”或者农村土地所有权主体的代表，在实际上掌握了土地所有权。可是，在法律上，村民委员会并不必然具有农村土地所有权主体的资格，也不能占有和处置农村集体土地。同时，相关法律法规并未明确规定具有“农民集体”成员资格的农民到底拥有农村土地的哪些权利。一旦土地使用权分配公平机制缺位，就无法使责、权、利统一起来，极易发生滥用权力的现象。而机构负责成员极有可能取而代之，成为事实上的权利主体，并且各个主体之间存在着复杂的层级结构，因此土地的保护、利用和承包过程中会出现一些不公平及矛盾的现象。

5.2.2.2 土地流转机制不完善，流转效率和积极性有待提升

作为一种特殊的生产要素，土地和其他生产要素不同，其本身并不能在空间上进行流动，但是土地所提供的生产能力及土地所衍生出来的产权却可以在不同主体之间进行流动，而且土地产权的可流动性决定着依附于土地之上的生产要素的流动性，从而也决定着其他生产要素的价值。虽然在《农村土地承包法》中早已明确规定可以根据相关法律自行、自愿地流转农村的土地，但事实上，在目前的土地制度下，农村土地流转依然存在着不少困难。

虽然国家允许土地流转，但农民拥有的土地流转权利并不完整、充分。我国法律明确提出，农村土地可以依法、自愿流转，但这种流转却受到一定限制：①相关法律规定，农民转让承包的土地，须提前告知发包方并且经发包方同意，只有这样，才能进行相关流转。②农民拥有的土地若要以出租、转包或者其他方式进行流转，还须向发包方备案。③《农村土地承包法》规定，如果农民把土地承包给本集体以外成员，必须经过本集体三分之二以上成员的同意。这些限制在一定程度上降低了农民土地流转的积极性。从理论上讲，对土地流转的处分权应包括土地出卖、转让、抵押等权利。但是，这些权利所得到的收益十分有限。这源于农产品附加值较低，工农业产品间利润差降低了农民收入预期，土地流转带来的收益也比务工获取的工资收入低，流转激励作用有限。此外，我国的社会保障制度并不完善，农民工在城市生活也缺乏必要的社会保障，因此他们必然不会放弃农村的土地，并且如果在城市无法很好地生活，他们随时可能回到农村重操旧业。所以，农村土地流转的速度和规模都受到了一定限制。

5.2.2.3 承包地有偿退出机制不明晰，制度规定未能有效衔接

实行“三权分置”，是继家庭联产承包责任制后农村土地改革的又一重大制度创新。当前推进农村土地“三权分置”面临的问题是，当承包权作为成员权利可退出时，如何解决成员面临的生计和发展保障等问题？在这方面，国家有关制度规定还不完善。第一，有关农户集体成员权与承包地用益物权的制度规定并未衔接。集体成员资格是不确定的，对成员权和用益物权该如何区分或衔接，法律尚未给出解释。第二，对承包地有偿退出的内涵界定不清。承包地有偿退出是只交还承包的集体土地、不退出村社集体成员资格，还是完全退出村社集体成员资格？如果是前者，拥有集体成员资格是否意味着还可以继续拥有集体土地承包权？如果是后者，成员资格确立和取消的规则是什么？第三，缺乏补偿土地承包权的必要资金。目前，有关承包地有偿退出的政策法规仍然缺位，尤其是在谁来承担补偿、承担多少、补偿方式等问题上还存在争议。中央政府、地方政府、村集体、企业是否都需要支付补偿金？如果都需要支付补偿金，支付补偿

金的比例该如何分配？可以分期偿还还是必须一次付清？这些都缺乏明确的政策规定。第四，承包地退出的后续保障机制不健全。承包地退出之后，农户将离开农村到城镇生活，此时，如何实现不同社会保障机制之间的有效衔接？目前，土地、住房、社保、就业、教育、卫生等方面的退地保障机制仍然缺乏，农户离开承包地保障之后，后续社会保障供给不足。

5.2.3 农村土地制度的缺陷对城乡统筹发展的制约

5.2.3.1 限制土地的正常流转不利于规模化经营

虽然中央政府不断地颁发一些文件鼓励土地流转，但截至2018年底，我国流转的土地量还是比较少的，只有5.39亿亩。究其原因，在于农村土地所有者权利主体模糊，土地流转机制不完善，如当土地在农户之间流转时，因土地是属于集体的，农户之间的交易会受到一定限制。土地应首先选择在集体成员内部进行转让，如不成功，经三分之二以上集体成员同意才可转让给外部成员，这就降低了成交的可能性。因缺少相关的价格信息，又没有科学的计价标准作为参考，所以双方往往通过讨价还价来确定土地价格，致使土地价格远远偏离价值，农民无法实现土地的保值增值，也很难使土地从资产转化为资本。在现实中，市场对土地的需求很大，这往往导致出现大量的地下市场，私下交易投机行为频发。由于不受法律保护，交易双方掌握的信息又不对称，致使交易成本很高。这严重破坏了土地市场的公平，阻碍了土地市场的健康发展。

此外，部分地区土地空间划分不合理，交通运输和大面积耕作受限，在流转过程中多方谈判成本较高，难以形成共识，这也限制了承包商的承包意愿。我国耕地面积从2009年的20.31亿亩缩减到2017年的20.23亿亩，平均每年减少100万亩。① 耕地的减少将使土地耕种更加分散，重新集中土地的成本提高，实行土地规模化经营更加困难，更别说发展现代化农业了。耕地的减少还会危及粮食安全，特别是当发生自然灾害时，必定

① 根据《2017年中国土地矿产海洋资源统计公报》相关数据整理得出。

会出现全国性的粮荒，政府此时只能从国外进口粮食以解燃眉之急。

5.2.3.2 农民财产权益容易受损，影响人口迁移

城乡统筹发展的核心是稀缺性的生产要素能够在城乡之间自由、自愿、平等地流动。深入推进生产要素配置的市场化是解决问题的主要出路，即要以要素流动来促进城乡统筹发展。只有实现产权、法权的城乡平等，生产要素才能在城乡之间自由、自愿和平等流动。同时，土地资源的配置若要有效率，就需要土地产权界定清晰、完全和明确。在现行农地产权制度安排框架下，农村土地归集体所有虽然规定清晰，但集体本身是不清晰的，土地使用权分配过程模糊，土地流转机制不完善，农民的权益容易受损。

近年来，随着经济的发展，城市土地价格不断攀升，但由于城乡统一的土地市场还未形成，农村土地价格较低，农民所获收益较少，这不利于城乡统筹发展。

刘易斯创立的“二元结构”理论特别强调，只有人口不断地从农业部门转移到非农业部门，如工业部门，且农业与非农业部门的劳动边际生产率保持相等，城乡一元经济社会结构才会形成。而在我国的城乡二元结构中，城市居民能享受到较多的地域性福利，农村居民却享受不到。即使农民进城了，也得不到城市居民的待遇，在城市找工作还会受到一些歧视。故而农民对土地的依赖性较强，尽管土地收益占家庭收入的比重不是很高，但这种心理上的安慰却是无法替代的，所以即便在城市工作甚至定居了，他们也不愿放弃土地。农村劳动力虽然转移到城市，却往往集中在技术含量较低、工资水平不高的行业里，很难像城市居民那样体面地工作、生活。这样的转换是不彻底的，不仅影响了人口迁移，还延缓了城乡一体化的进程。

5.2.3.3 农村土地补偿标准较低，容易引发社会矛盾

相关数据显示，2018 年我国土地出让金收入累计达到 6.5 亿元①，在

① 根据《2018 年全国土地出让收支情况》相关数据整理。

各地的财政收入中，土地出让金占很大份额，已达到57.3%，但农民所得到的土地收益较少，仅占4.7%左右。近年来，我国的建设用地飞速增加。2017年，全国非农建设占用的耕地已达到32.04万公顷①，其中65%都是用行政方式占用的。地方政府通过土地置换、建设用地储备等方式，可以获得巨大的土地溢价，这也是地方政府预算外收入的主要来源之一。此过程虽然主要针对国有用地，但也会涉及大量农用耕地，如各省关于国有建设用地储备办法的规定中明确规定，为了实施城市规划，可以依法征收土地，这里说的土地主要是农用耕地。所以，为了支持城镇建设，农民的土地补偿收益一般远低于商业用地的市场价格。随着失地时间的增长，失地对农民的影响逐步凸显。据国土资源部统计，2017年全国共发现土地违法案件75200件，涉及土地面积44.7万亩。② 在受理的信访中，涉及土地征用问题的占大多数，其中因土地纠纷引起的占60%左右，因补偿款偏少及安置问题引起的占32%，这在一定程度上影响了城乡和谐发展。

5.3 我国的劳动就业制度安排及其对城乡统筹发展的影响

我国的劳动就业制度随着经济的发展在不断变更。以改革开放为分界点，在该时间点之前，我国实行城乡分割的劳动就业制度，国家采取一系列措施和政策限制农民进城就业落户；在该时间点之后，由于社会经济快速发展，农业释放了大量劳动力，而工业则需要更多劳动力，于是大量农村剩余劳动力开始涌向城市。顺应形势发展，城乡分割的劳动就业制度就此也进行了相应改革及调整，农村劳动力的就业环境开始变得宽松，但城镇居民和进城农民的就业不公平状况依然很明显，严重阻碍了城乡统筹发展。本节将分析城乡统筹进程中的劳动就业制度安排及其对城乡统筹发展的影响。

---

① 根据《2017年中国土地矿产海洋资源统计公报》相关数据整理。

② 根据《2017年中国土地矿产海洋资源统计公报》相关数据整理。

5.3.1 城乡关系演变下的劳动就业制度变革

在1978年改革开放之前，我国以经济快速增长为主要目标，长期实施赶超型发展策略，中央政府发挥行政职能，利用优势资源，着重发展以重工业为主的工业经济，加速实现工业化。与此相适应，政府建立了城乡差异较大的管理机制，如工农产品统购统销制度、户籍制度、城乡分割的劳动就业制度等，从体制、政策及管理制度上约束农民进城就业落户。1978年以后，我国市场经济步伐逐步加快，进而替代计划经济体制，城乡分割的劳动就业制度弊端日益突出，与经济发展极不协调，已在很大程度上制约了城乡一体化的发展。为适应加速发展的市场经济，我国政府逐步对之前的劳动就业体制进行调整，并修改相关的劳动就业规定，放松了对农民的限制，从而促使农村剩余劳动力可以在城乡之间、工农业之间进行流迁就业，且规模不断加大、速度不断加快。通过分析不难发现，我国的劳动就业制度发展大体经历了四个阶段。

5.3.1.1 城乡分割的劳动就业制度形成时期（1958—1977年）

1958年，我国颁布实施了《中华人民共和国户口登记条例》，以法律的形式对户口管理进行了规范。这一制度框架的形成对我国之后几十年人口迁移及劳动力流动产生了深远影响。20世纪六七十年代，基于我国优先发展工业的战略目标，工业化得到快速发展，但城市化速度严重滞后于工业化发展，其中城镇就业劳动力所占比重较低，大部分劳动力仍囿于农村。不仅如此，1963年，我国的相关制度保障基本偏向于城镇居民，城市户口不仅享有优先就业权，而且享受粮食供给、住房补助及医疗、养老保险等各项配套制度，而农村户口则完全不享受，城乡偏向明显的社会结构开始形成，劳动力市场也被一分为二：城市劳动力和农村劳动力。这段时期，由于严格的户籍制度的制约，劳动力流动很少，城乡分割的劳动就业凸显。

在该体制下，人口的地区迁移由公安部门管制，农村向城市的迁移基本上都在计划之内。有城市户口的劳动力享有充分的就业保障，大多供职于政府事业部门或工商企业单位，工作稳定，还有配套的住房、医疗、教育、失业、养老等福利保障，社会地位较高；而有农村户口的劳动力就业仅限于农业和手工业，土地就是其保障的全部，尽管有大量的剩余劳动力，但高度分割的就业体制限制了他们的流动。

5.3.1.2 城乡分割的劳动就业制度松动时期（1978—1991 年）

1978 年党的十一届三中全会的召开，拉开了我国改革开放的序幕。20 世纪 80 年代中期，家庭联产承包责任制开始在全国大面积推行，农业经济水平得到快速提升，农业物质供给随之增长，农业机械大面积使用，农业生产力得到提高，大量农村劳动力从土地上释放出来，其何去何从成为当务之急。1983 年，政府首次承认农民跨区域经营的合法性，即允许农民进行农产品的销售，包括远地销售。1984 年，政府进一步放宽对农村劳动力流动的限制，允许农民跨区域到异地县市务工或经商。这一政策成为城乡就业政策改革的转折点，它意味着实施多年的严苛的城乡分割的劳动就业政策趋于放开。与此相关的政策也相继制定出台，包括放开甚至鼓励农民跨地区、跨城乡流动，农村劳动力流动速度不断加快，规模也越来越大。但城乡分割的就业制度的放松只是相对而言，政府对城市外来务工人口的管理仍很严格，因此这一阶段劳动力的自由流动还是会受到很大制约。

从 20 世纪 80 年代开始，固化的用工体制和国有企业改革之间矛盾激化，从而催生了《国营企业实行劳动合同制暂行办法》的实施，即政府控制整体招工数量，但将招工实施权给予企业。企业开始享有自主雇用工人的权利，农村劳动力开始上岗，主要集中于劳动较为密集的纺织、建筑等行业。但是由于户籍制度等并未随之进行配套改革，各种社会保障制度也不健全，在城镇就业的农民工并没有享受到与城镇居民同等的各项福利，不仅劳动报酬较低，而且工作得不到稳定性保障。与此相对的，是城镇居民只要有城镇户籍，就意味着有稳定工作、稳定收入、较好保障等一揽子福利。

5.3.1.3 劳动力流动加速的劳动就业制度改革时期（1992—2001 年）

1992 年，党的第十四次全国代表大会召开。这次大会确立了我国的目标是建立社会主义市场经济体制，强调加强市场的资源配置功能，目标定位改变了，劳动就业制度也应随之改变。1993年，在《中共中央关于建立社会主义市场经济体制若干问题的决定》中，中央政府明确强调要注重市场调节功能，实现对城乡劳动力资源的有效配置，旨在构建城乡统一的劳动力市场体系。自此，城乡劳动力可不受限制地进行择业，自愿进出劳动力市场。此外，企业招工自主性也进一步加强，到20世纪90年代中期，已形成一定规模的“民工潮”，大约有2亿多农村劳动力流入城镇进入非农产业，其中乡镇企业吸纳了约1.12亿，另外1亿左右流动于城市之间。

自2000年起，我国开始重视农村劳动力的就业和流动问题。首先是改革和调整原来的劳动就业制度，逐步取消农民到城市就业的种种限制，使城市和农村的就业市场慢慢趋向统一。2000年，劳动和社会保障部、国家发展计划委员会、农业部等七大部委组织出台了《关于进一步开展农村劳动力开发就业试点工作的通知》，解除了多种约束农民进城就业的不合理障碍。2001年10月，国家计委、财政部联合发布通知，取消了对外来务工人员的7项不合理收费，并继续推进小城镇户籍制度改革，积极落实相关配套制度的改革。随后，《关于促进小城镇健康发展的若干意见》《关于推进小城镇户籍管理制度改革的意见》等相继出台，允许农村劳动力转为非农户口，并对农民“农转非”的条件做了明确规定。这些文件对小城镇落户人员的相关情况进行了详细说明，如随迁子女教育、就业和参军等均享受各项对等待遇，放开了对小城镇户口的人员计划指标限制，政府需为已落户人员提供均等服务等。

5.3.1.4 城乡统一的劳动就业制度探索时期（2002年至今）

从2002年开始，我国开始逐步取消限制农村劳动力转移的政策规定，并明确要求各级政府积极采取措施促进农村劳动力转移。2003年，国务院颁布《关于做好农民工进城务工就业管理和服务工作的通知》，并提出不得对农民进城就业进行限制和歧视、保护农民的就业权益、改善劳动条件等。同年6月，国务院将收容遣送制度改为救助制度，彻底解决了对进城农村劳动力随意强制收容遣送的问题。随着经济的快速发展，进城农民工的贡献越来越被认可，地位得到提高，成为新时代的新兴产业工人的主力军。2005年以来，政府高度重视进城农民工的问题，为构建城乡统筹的劳动力就业市场提供了必要条件。2006年，《关于解决农民工问题的若干意见》出台，政府开始着手解决农民工的各项利益问题，努力助推各项制度改革，劳动力就业市场的分割局面逐步消除，城乡统一局面开始凸显，就业环境持续改善。2007年，政府出台《中华人民共和国就业促进法》，以法律形式明确了我国的就业政策目标，并提出要坚持平等原则，完善城乡劳动力就业制度，引导农村剩余劳动力有秩序流迁，促进就业体系的形成。这标志着我国劳动就业制度改革又向前迈了一大步。

2009年，中央经济工作会议的中心议题之一就是农业转移人口的落户问题，对于符合条件的农业转移人口，分阶段、分地区、分批次地解决落户问题，并以此作为实现城镇化的主要内容。2011年2月，《国务院办公厅关于积极稳妥推进户籍管理制度改革的通知》出台，要求：分类明确户口迁移政策，放开地级市户籍，集中处理对暂住人口造成诸多不便的相关规定；明确放开户口类别限制，禁止以户口为名制定不同的有关招工、子女义务教育、技能培训等政策。目前，全国各地纷纷改革相关的劳动就业制度，修正具有偏向性的地方就业政策，完善农民进城就业的服务工作，城乡统一的劳动就业机制正在逐步形成。

5.3.2 城乡统筹进程中劳动就业制度的缺陷

1978年改革开放以前，劳动就业制度可以说是城镇居民的特权，总是与户籍制度一起来维护城镇居民的权利，保证其合理占有城市的工作岗位。随着经济体制改革的深入，劳动就业制度发生了巨大变化，大量城市职工失业或下岗，同时由于城市的发展需要，城市居民不愿意或无法胜任的工作，开始由农村流动劳动力承担。此外，农民工较低的劳动力成本使城市下岗职工在就业市场上的竞争力减弱。鉴于此，政府为保证社会安定，出台了一系列限制农业人口从业的规定和措施，在当时起到了一定的积极作用。2000年以后，中央出台的相关文件开始鼓励农村劳动力流动，取消了限制农民流动的不合理政策，并相继颁布了促进构建公平和谐的劳动力就业市场的相关政策法规，如《关于解决农民工问题的若干意见》《劳动合同法》《就业促进法》《劳动争议调解仲裁法》等。但在具体实践中，各地政府由于执行惯性和其他原因，并没有完全落实这些政策，地方歧视性的就业政策依然大范围存在。随着我国工业化、城镇化的快速推进，将农业转移人口培养成稳定就业的新型产业工人并转化为平等享受公共服务的新市民成为当前的主要任务，原有的不利于农民工市民化的就业政策显然影响了农民工融入城市，对我国整体经济发展形成阻滞。我国农业转移人口市民化水平较低，2015 年该指数仅为 40.7%。农业转移人口在综合素质、价值观念、职业分布、生活方式、行为习惯、社会地位等方面与城镇居民有较大差异。由此可见，我国在城乡统筹进程中的核心任务就是解决就业最大群体即进城农民的就业问题，这就需要各地在就业服务上秉持公平、公正原则，但较长时间形成的城镇居民和进城农民的就业不公平痕迹仍然很明显。劳动就业制度的缺陷表现在国家为城市居民就业提供了宽松的环境，但对农民就业却设置了一些限制，妨碍了农村人口的流动。目前，虽然农民就业环境有所改善，但阻碍农民进城就业的各种限制并没有完全消除。

5.3.2.1　城乡劳动力就业政策存在偏差，执行力度不够

我国政府颁布的一系列关于就业问题的政策，涵盖了政府解决就业、促进就业等政策目标。细看政策内容并结合就业政策的执行情况，可知这些就业政策存在偏差，执行力度也不够，同时，由于中央与地方政府的利益偏差，很多相关就业政策在地方都无法落实。

（1）城乡劳动力就业政策细化偏差。我国政府颁布出台的就业政策，在城乡劳动力政策制定的细化上存在偏差。例如，2015 年 2 月 1 日开始执行的《人力资源和社会保障部关于修改〈就业服务与就业管理规定〉的决定》中的“就业援助”，就业援助对象仅指城市居民家庭，救助办法规定详细，而有困难的农村居民并不在其救助范围内；在失业登记范围中，只有承包土地被征用，符合当地规定条件的，才能登记为失业人员，也就是

说，只要有土地，即便很少，收入很微薄，也不能纳入失业人员范围；在“求职与就业”中，仅用描述宣示性语言规定了“用人单位不得实施就业歧视、农村劳动者进城就业享有与城镇劳动者平等的劳动权利，不得对农村劳动者进城就业设置歧视性限制”等，但对于如何创造公平就业环境、怎样避免就业歧视、怎样惩戒歧视等，并没有明确的专项强制性政策来进行约束和监督。又如，2006 年《关于贯彻落实国务院进一步加强就业再就业工作通知若干问题的意见》和 2010 年《关于印发就业失业登记证管理暂行办法的通知》中，再就业扶持对象主要指城市居民，他们经审核确定领取就业失业登记证后，就可以享受国家相应的就业扶持政策，包括就业援助、个体经营税收优惠政策等；而农村转移进城务工人员的再就业问题，却没有相应的扶持政策，这明显增加了他们再就业的难度。这些就业政策上的偏差直接导致了就业政策执行不力，延缓了我国城乡统筹的步伐。

（2）促进就业政策执行的相关法律约束缺乏。目前，我国在促进城乡劳动者平等就业方面已经正式颁布实施的法律有三部：2007 年 6 月通过的《劳动合同法》、同年 8 月颁布的《就业促进法》和 2010 年 10 月出台的《社会保险法》。有一些领域，如劳动力市场管理、职业技能培训、劳动就业服务等，往往是通过政府的规章制度来加以限制，主要形式有条例、规定、通知等。与法律规定相比，规章制度的作用效力不够强，程序也不严格，致使广大劳动者参与度不够。这些规章制度和法律相比，具有不稳定且强制力不够的缺陷，尤其是对一些严重违反劳动就业政策的行为，不能采取强有力的惩罚措施，使本意良好的就业政策难以在现实中真正有效地实行，或扭曲政府的就业政策，削弱劳动就业政策的实际效果。

5.3.2.2 城乡劳动力的地位身份不平等，存在就业限制

很多到城镇就业的农村劳动力，即使已经在城镇买房、工作和生活，却依然保留着农村户籍，即所谓的“农民工”，他们已成为城乡统筹进程中最大的就业边缘化群体。城乡劳动力的地位身份并不平等，农村劳

动力明显属于弱势群体。虽然我国政府已经出台相关文件解决农业转移人口就业限制问题，但各种显性及隐性的不公平就业情况仍广泛存在，这些限制性的规定直接造成了城乡劳动力在就业上的不平等。有些地方对农民工就业人为设置了许多门槛，包括各种限制性条件，如进入限制、行业限制、户籍限制、学历限制、地域限制等，主要的就是进入限制和行业限制。

（1）进入限制。城镇劳动力市场竞争不完全，地方政府对农村劳动力就业设置了准入障碍，导致其准入成本提高，很多农民负担不了。这些不平等一般体现在：通过配额、资格认证、公告等政策形式，增加农民工进城就业的居住、交通、教育、心理负担等成本。一些地方政府要求农民工进城要办理各项手续，并有很多不合理收费，有的甚至存在乱收费现象，如有些城郊失地农民迫于生计，进城摆摊维持生活，不仅要受到城市管理部门的限制，还要交各种不合理的杂费，因此而产生各种纠纷。这种状况不仅伤害了进城农民的感情，还加重了农民负担，不利于农村劳动力到城市就业，也不利于劳动力市场的统一。

（2）行业限制。劳动力市场的行业限制主要是指招工限制。经济学家阿瑟·刘易斯认为，劳动力的行业歧视即指将劳动力市场分为两部分，仅允许外来劳动力进入就业种类较差市场，限制其进入较好市场。刘易斯的观点在我国劳动力市场上有充分体现，农民工在冲破限制进入劳动力市场后，继续受到招工制约，主要体现在两个方面：一是对所有农村劳动力不加区别地进行各行业的限制；二是差别化地按照农村劳动力自身技能水平等进行约束。目前来看，大多数农民工进入的是低端行业，如建筑、环卫等，从事的工作又脏又累，且大多为临时工，有些甚至危险系数较高，如煤矿等。这些行业的从业安全和卫生条件较差，工资待遇较低，福利也不好。而城镇居民从事这类行业的并不多，即使有，大多也是正式员工，工资待遇、劳动强度等方面与农民工也有很大差别。这种就业分布状况再次折射出农村劳动力在城市就业市场中处于不对等地位的现象（见表 5-1）。

表 5-1 按行业分布的农民工人数占比

单位:%

行业	2017 年	2018 年
制造业	29.9	27.9
建筑业	18.9	18.6
批发和零售业	12.3	12.1
交通运输、仓储和邮政业	6.6	6.6
住宿和餐饮业	6.2	6.7
居民服务、修理和其他服务业	11.3	12.2

资料来源：国家统计局《2018 年农民工监测调查报告》。

5.3.2.3 农村劳动力的就业权益缺乏保障，就业服务管理滞后

就城乡劳动力而言，城镇居民可以享受较高的工资待遇与工作保障，而农民工在就业中却面临着各种不公正待遇，具体表现在以下四个方面：①劳动合同签订率。表 5-2 中的数据显示，2016 年签订劳动合同的农民工比重仅为 35.1%，且签订的合同大多对农民工的约束较多，而对企业的约束较少。即便签订了合同，也不能保障农民工的合法权益。而城市劳动力无论有无用工合同，基本都能享受到合法权益。②职业分类。由于我国经济的快速发展，产业结构发生了巨大变化，而农民工由于受文化水平和职业技能的限制，只能从事低端行业，很多农民工都从事过有毒有害的工作，因此，维护职业安全和劳动保护显得非常重要。企业出于成本等方面的考虑，往往会忽略这些，工作场所没有做好防护，没有发放劳动保护用品及个人防护用品，或达不到国家标准及要求，由此损害农民工的就业权益。而城镇劳动力则避开这些行业，造成城乡劳动力的职业差异。③组织化程度。工会作为劳动关系中的组织基础，可作为一个团体集中反映农民工的利益诉求，但有关数据显示，加入工会的农民工人数仅占农民工总数的 9.8%，而城镇劳动力一般都参加工会，集体利益诉求较易实现。④社会保障。2016 年，我国农民工参加失业保险的比率为 16.5%，2017 年稍微有所提高，也仅为 17.1%。各地政府对此缺乏相关的失业保障制度设计，农民工失业后，失业保险也发挥不了多大作用。农民工失业后大多靠自己，依靠失业保险的人数很少。而针对城镇劳动力的失业制度设计则相对完善，城镇劳动力失业后可享受到应有的失业保险。对于那些发生意外

伤害比例较高的行业，工伤保险机构有时为了保证基金的平衡，甚至不建议农民工加入工伤保险。2017 年，我国农民工总量达到 28652 万人，有工伤保险的仅为 7807 万人，约占 27%。这往往会导致一个恶性后果，对于没有签订合同而受工伤的农民工，维权变得异常艰难，在现实中，有些判罚的赔付也很难落实。

表 5–2　农民工签订合同的比例　　单位：%

	无固定期限劳动合同	一年以下劳动合同	一年及以上劳动合同	没有劳动合同
2015 年农民工合计	12.9	3.4	19.9	63.8
其中：外出农民工	13.6	4.0	22.1	60.3
本地农民工	12.0	2.5	17.1	68.3
2016 年农民工合计	12.0	3.3	19.8	64.9
其中：外出农民工	12.4	4.2	21.6	61.8
本地农民工	11.5	2.2	17.7	68.6

资料来源：国家统计局《2016 年农民工监测调查报告》。

很长一段时间内，我国缺乏促进就业服务体系建设的相关政策。虽然政府制定实施了一些措施，但仍缺乏对劳动力市场进行指导和规范的政策，尤其对农村的劳动力市场。目前，我国农村劳动力市场的发展尤其令人担忧，且与城市劳动力市场不能无缝对接，增加了农民就业成本，而不健全的劳动力市场在配置劳动力资源方面则显得效率低下，阻碍了就业。我国很多地方存在工资待遇较低、工作环境恶劣、劳动强度较高等问题，各地频发拖欠农民工工资、雇凶殴打工人等恶性事件。这些都表明，我国就业服务体系缺失，就业服务效率低下。就业服务体系发展滞后已经影响了我国城乡统筹的进程，迫切需要政府制定切实可行的政策，尽力构建相对高效的就业服务体系。

5.3.3　劳动就业制度的缺陷对城乡统筹发展的制约

劳动就业制度的缺陷对城乡统筹发展最大的影响在于不利于统筹城乡就业。统筹城乡就业又称城乡就业统筹，与计划经济体制下“城乡分割”的就业体制相比，它主要从就业观念、就业设计、就业政策、就业服务等方面实现统筹就业。从我国劳动力的从业特点分析，统筹城乡就业主要侧重于农村劳动力向城镇转移中城乡劳动力市场的统一。近几年，我国政府已经颁布实施了相关文件，明确指出取消对进城农民工就业的不合理限制，统筹城乡就业也已成为党中央和学者们都非常关心的重要问题。统筹城乡就业的目的：①建立城乡统一的劳动力市场，保障城乡劳动力在就业时都能平等；②建立弱势群体的城乡一体化就业帮扶制度，真正实现就业领域的公平；③建立统一的信息系统，为劳动者提供相同的就业服务，使农民进城务工的成本降低，并消除其离农障碍，加快其市民化进程；④建立公正的城乡居民公共服务共享机制，缓解农业转移人口就业约束，使其尽快融入城市。鉴于此，劳动就业制度的缺陷对城乡统筹发展的制约主要表现在以下三个方面：

（1）制约了城乡劳动力市场的统一。劳动力市场的主要功能包括就业失业登记、职业介绍、职业招聘等，统一的劳动力市场对有效配置整个社会的劳动力要素具有重要作用。目前，我国很多地区还没有建立完善的劳动力市场，市场中介的作用没有完全发挥出来，中介服务功能差，职业介绍覆盖面小，在信息的收集整理、组织输送、职业对口培训、跟踪服务等阶段缺乏系统严密性。虽然职业介绍机构数量明显增多，但很多民办机构存在不少问题，而正规职业介绍机构大部分是政府福利支持，市场化程度较低。这种带有政府控制性质的职业介绍机构，市场化程度较低，职介人员普遍素质不高、积极性不够、服务态度有待改善，针对农村劳动者的职介信息收集和整理能力更是有待提高，这些必然会影响职业介绍机构促进就业职能的发挥。企业招不到工人，而农村劳动力又不好找工作，企业与劳动者之间出现信息不对称问题，最终造成劳动力流动不畅，形成企业用工难、劳动者求职难的两难局面，进而影响城乡统筹就业的顺利进行。

（2）不利于城乡劳动力资源的充分利用。劳动就业政策中所暴露的制度缺陷，不利于农业转移人口实现公平就业，也不利于城乡劳动力资源的充分利用。纵观劳动就业制度演变的历史，统筹城乡就业的重点仍是加快农村劳动力的转移问题，最终回归到其身份的歧视和权利不平等问题。因此，城乡二元的就业体制是制约城乡统筹就业的关键。乔明睿、钱雪亚等（2009）通过实证研究，认为中国劳动力市场城乡特征差异较大，户籍是影响农村劳动力进入主要就业市场的显著因素，城镇劳动者几乎垄断了主要就业市场的就业，即使在次要就业市场中，其优势也较突出，这些显然不利于城乡劳动力资源的充分利用。即使取消了农业户口，城乡劳动者就业也不平等。只有当二者在资源配置、就业、社会保障等方面享有完全一样的待遇时，才可能实现平等就业。因此，要实现劳动力要素的合理配置，以及城乡劳动力的公平就业，不是一个短期工程，需要各级政府多方面配套政策的实施，也需要城乡劳动力人力资本和社会资本的共同提升。

（3）不利于城乡就业服务体系的统一管理。虽然我国构建公共就业服务体系已 30 多年，但目前有些城市的公共就业服务机构再就业登记、就业供求信息的契合衔接、就业信息服务网络建设等还不完善，如电脑老化、工作人员配备不足、劳动力就业信息更新慢、有效资讯不足、使用不便等，这些严重制约了就业服务工作的开展。有些就业服务机构虽然面对农民工，提供免费服务，却不能满足农民工的需要，形同虚设，起不到服务作用。另外，由于劳动力就业培训体系不健全，就业中介不规范，农村特殊就业群体缺乏就业援助。归根结底，当前我国公共就业服务体系存在的问题，本质上还是由于我国在很长一段时间内实行城乡分治的二元就业制度所造成的。城乡就业服务体系的较大差异，已影响城乡统筹的发展，并在一定程度上阻碍了我国的经济发展。即使我国的劳动就业制度改革已经开始深化并起到了一定作用，但对于农村进城劳动力而言，城乡统一的劳动力就业市场还没有形成，农民的自由择业权还得不到保障，统一的就业基本服务免费制度、就业与失业登记管理制度、就业援助制度、劳动人事档案管理服务、就业信息监测制度等还需改进，这些都不利于政府对城乡就业服务体系的统一管理，必然对我国城乡统筹进程起到一定的阻碍作用。

5.4 我国的社会保障制度安排及其对城乡统筹发展的影响

在现代市场经济中，社会保障制度承担着维护社会稳定的功能，具有兜底的社会作用。社会保障制度的主要内容是社会保险、社会福利、社会救助等，居于核心地位的是社会保险。在计划经济体制下，国家主导社会资源配置和基本经济制度的构建，建立了城乡分割的社会保障制度。1978年以后，随着市场经济体制的建立，传统的社会保障制度不断进行改革，社会保险体系逐步建立健全，保障水平不断提高，覆盖范围也不断扩大。但与城市社会保障相比，农村社会保障体系还不健全，农村社会保障的筹资方式、统筹层次、保障水平、保障范围和保障标准等与农村居民的实际需求不相适应，城乡社会保障发展不平衡、不衔接等问题比较突出，这在一定程度上阻碍了城乡统筹发展。本节将分析城乡统筹进程中的社会保障制度安排及其对城乡统筹发展的影响。

5.4.1 城乡关系演变下的社会保障制度变革

新中国成立不久，为快速恢复和发展国民经济，国家确立了社会主义工业化的目标，实施“以农补工”的发展战略，主要利用户籍制度、就业制度等建立了城乡分割的二元经济。相应地，我国也逐步建立了城乡分割的社会保障制度。改革开放以后，随着社会主义市场经济体制的确立和发展，我国的社会保障制度也在不断进行改革。

5.4.1.1 城乡分割的社会保障制度初步形成阶段（1949—1977年）

新中国成立以后，为了支持城市工业化的发展，国家在城市实行低工资、低物价、粮食配给政策，在农村实行人民公社制度和农产品的统购统销政策，严格限制农村人口向城市流动和迁移，限制农村工业发展，由此形成农村发展农业、城市发展工业的二元经济结构。1958年，政务院颁布《中华人民共和国户口登记条例》，确立了二元户籍管理制度，分别赋予城乡居民城市户口和农村户口，将住房、医疗、教育、就业等同户口性质挂钩，使城乡居民拥有不同的福利保障和发展机会。受此制约，我国社会保障制度建设也沿着城乡分割而治的思路发展：在城市，实行以企业为基础的劳动就业保障，在农村，实行以农民家庭和土地为主要载体的保障，初步构建了适应二元经济结构的城乡分割的社会保障制度。

在城市，由国家主导，建立了以企业为单位的劳动保障制度，为城市居民提供不同水平、不同层次的社会保障项目。1951 年的《中华人民共和国劳动保险条例》要求，向国有企业劳动者提供基本的养老保险。1977 年，国家又要求城镇集体企业比照国营企业为职工提供养老保险。1952 年，国家做出了在国家工作人员中试行公费医疗的决定。1955 年，国家又出台了《国家机关工作人员退休处理暂行办法》，要求为国家干部、全民企业职工提供公费医疗和劳保医疗，集体企业职工一般也享受相同的医疗保险。这些保险制度妥善地解决了城市居民的养老、医疗等问题，城镇居民还额外享受国家提供的廉租住房、粮油补贴、取暖补贴等福利。

在农村，依托农村集体经济和农业集体化生产，国家建立了以“五保”供养为主要内容的农村救济制度和农村合作医疗保险制度。具体而言，1950 年的农村土地改革，彻底废除了地主土地所有制，没收地主的土地分给无地或少地的农民，农民实现了“耕者有其田”的历史夙愿，拥有了基本的土地保障。为了改造农民个体经济，地方政府以互助组、初级社和高级社等形式，推行农业集体化生产。1956 年，国家颁布了《高级农业合作社示范章程》，确立以农村“五保”为主要内容的农村救济制度。按照规定，对生活困难的贫困社员，由农村集体给予工分、粮食和现金补助；对农村集体经济落后的地区，由国家财政出资给予救济。到了 1957 年，农村普遍建立了人民公社，由农村集体经济为老年人提供一定的生活保障，例如，提供基本的食物供给，无子女的老人可以得到“五保户”待遇。1955—1977 年，农村贫困户累计获得大约 22 亿元的转移支付资金，其基本生活得到了保障。1955 年，一些农村地区出现了由农村合作社举办的、带有互助共济性质的农村医疗保健站，由农民出保健费，并且采用从农业合作社公益金中提取适当补助的办法筹集资金，为农村社员提供基本医疗卫生保健服务。1965 年，农村合作医疗迅速发展和普及，一定程度上解决了农民看病难的问题。20 世纪 60 年代初，国家通过了《农村人民公社工作条例修正草案》，仅对农村建立社会保险和生活福利制度做了原则规定，但没有对农民养老问题做出具体规定。农村养老保险工作几乎没有展开，主要以土地保障、家庭保障为主。

5.4.1.2 城乡分割的社会保障制度固化阶段（1978—2001 年）

1978 年农村改革，确立了家庭联产承包责任制，人民公社制度逐渐瓦解，二元户籍制度有所松动。20 世纪 80 年代中期，农村乡镇企业崛起带动了农村工业发展，农村劳动力开始了“离土不离乡”的流动方式。90 年代初期，大规模农村劳动力转向城市，农民工大潮形成，逐步动摇了城乡二元经济结构和二元社会管理制度。但是，社会保障制度的发展仍然遵循了传统社会保障制度建设的路径——先城市、后农村，以户籍作为区分保障待遇的主要标准，进一步固化了城乡分割的社会保障制度。

（1）城市社会保障制度的发展。

城市社会保障制度改革大致经历了 1978—1992 年的改革探索、1993—2001 年的全面改革两个阶段。

在改革探索时期，社会保障制度改革是被作为经济体制和企业经营管理体制改革的配套措施来推进的，为了减轻企业社会保险的重担，改革试点的主要内容是实行社会统筹。1984 年，社会保障改革试点在城市的国有企业中实行，推行退休费用的社会统筹，由过去的企业全包向国家、企业和个人三者共同承担转变。1991 年，《关于企业职工养老保险制度改革的决定》颁布，明确规定了养老保险费用由国家、企业和职工三方共担，采用部分基金制，基本养老基金逐渐向省级统筹过渡。

在全面改革时期，1993 年，党的十四届三中全会召开，明确提出要建立完善的社会保障制度，确立了社会保障制度的基本原则、任务和目标，在基本养老保险和医疗保险上实行社会统筹与个人账户相结合，并要求建立失业保险和工伤保险制度，改革深化保障管理体制。此后，社会保障的模式、内容和管理体制等不断进行全方位的改革，社会保障制度进入规范化发展的轨道。

1994 年，《中华人民共和国劳动法》出台，赋予劳动者享有基本的社会保险和社会福利的权利，提出劳动者在年老、患病、工伤、失业和生育情况下可获得国家帮助和补偿。1995 年的《关于深化企业职工养老保险制度改革的通知》明确规定，企业职工养老保险实行部分基金制，既为职工建立社会统筹账户，又建立个人账户，并要求用人单位和职工个人共同缴纳保险费用，而在总的缴费中个人所缴部分占比要不断提高。1997 年，国家出台《关于建立统一的企业职工基本养老保险制度的决定》，进一步统一了企业养老保险的缴费比例，调整了个人账户的规模，并明确了企业职工养老保险的发放和管理办法，提出将基本养老保险扩大到城镇所有企业和职工。1994 年颁布的《关于职工医疗制度改革的试点意见》要求城镇职工医疗保险建立“统筹结合”的筹资方式，费用由用人单位和职工个人共同缴纳，使医疗保险制度逐步覆盖城镇所有劳动者。1996 年，医疗保险制度开始进行试点改革。1998 年，国家又颁布《关于建立城镇职工基本医疗保险制度》，明确了城镇职工医疗保险费用的缴费原则：企业承担一部分，职工个人承担一部分，二者共同缴纳费用；对保险基金，既建立社会统筹账户，又建立个人账户，并要求实现城镇基本医疗保险的全覆盖。

为适应劳动就业制度改革，1986 年《国营企业职工待业保险暂行规定》发布，首次探索企业职工失业保险制度，要求建立“职工待业保险基金”账户，由企业和地方财政共同出资，并明确待业保险的范围仅限于国营企业，为当时放活国营企业的经营权营造了宽松的环境。1999 年，国家出台了《失业保险条例》，将失业保险纳入法制化轨道，进一步扩大了失业保险范围，覆盖到城镇各类所有制企业和事业单位，并且由企业和职工共同筹集失业保险基金，实行收支两条线运行。1996 年，劳动部出台《企业职工工伤保险实行办法》，明确规定企业职工应参加工伤保险，工伤保险基金采取社会统筹方式。1994 年，国家出台《企业职工生育保险试行办法》，规定生育保险费用由社会统筹，按照“以支定收、收支基本平衡”的原则筹集费用。这标志着生育保险制度开始社会化。

1997 年，国家颁布了《关于在全国建立城市居民最低生活保障制度的通知》，要求对城市贫困居民给予最低生活救助，以保障其基本生活。1999年，国家又出台了《城市居民最低生活保障条例》，规范城市贫困居民的社会救助工作，由地方财政列支，中央财政给予必要的支持，设立社会救济专项资金，实行专项管理。

1998年，国家成立劳动和社会保障部，负责社会保障制度改革的总体设计，初步理顺社会保险管理体制。1999年，颁布《社会保险费征缴暂行条例》，规定了缴纳社会保险费的相关办法，明确实行收支两条线，并提出要加强对基金的管理和监管。为了解决社会保险费用支出的资金缺口问题，全国社会保障基金于2000年设立，其启动资金由国家财政投入，然后实行增值性运营。至此，我国已经为城镇居民建立了一整套社会保障体系。

（2）农村社会保障制度的发展。

这一时期，农村社会保障制度改革是在摸索中缓慢进行的。1978年，国家通过《农村人民公社条例（试行草案）》，规定在农村经济比较发达的地区可以试行养老金制度，养老保险基金由生产大队和生产队按比例分担，从队办企业利润和公益金中支付。1986年，民政部开始农村社会养老保险试点，重点是建立乡镇企业职工的养老保险制度，以乡镇或村为养老保险基金统筹单位。这种由乡镇或村集体企业出资自办的村民退休制度，并非现代意义上的养老保险，而且基金统筹不具有可持续性，管理比较混乱。1989年，民政部决定建立县级养老保险制度，在一些农村地区进行试点。1992年，颁布了《县级农村社会养老保险基本方案（试行）》，标志着我国开始探索建立正式的农村养老保险制度。1995年，国家发布《关于进一步做好农村社会养老保险工作意见的通知》，指出今后要建立的农村养老保险制度应是以农民缴费为主、农村集体缴费为补充，国家负责管理和监督农村养老保险基金的运营。1999年，针对农村养老保险运行中的诸多问题，国家明确指出，我国尚不具备普遍开展农村养老保险的基本条件，开始整顿清理农村社会养老保险业务，致使正在快速发展的农村养老保险工作陷入停滞状态。

1979年，国家发布《农村合作医疗章程（试行草案）》，对合作医疗进行规范，1979年底，全国实行合作医疗的农村地区已达90%左右。80年代初，农村合作医疗保险发展一度因农村集体经济衰退、政府财政责任缺位而受阻。1985 年，全国实行合作医疗的行政村由过去的 90%下降到 5%。1994 年，国家决定恢复和重建农村合作医疗，开展“农村合作医疗制度改革”试点。1997 年，国家出台《关于发展和完善农村合作医疗的若干意见》，标志着我国要重新发展农村医疗合作制度，提出在民办公助和自愿参加的原则下，采取以个人投入为主，集体扶持、政府适当支持的筹资方式，促进农村合作医疗保险的恢复。到 1997 年，全国将近 20%的农村人口参加了农村合作医疗保险。

农村社会救助制度也进行了调整和改革。一是普遍推行农村“五保”供养的救济制度。1985 年，全国逐步推行乡镇统筹，以解决“五保”供养经费不足的难题。为保障新形势下农村“五保”制度顺利运行，国家于 1994 年又出台《农村“五保”供养工作条例》，明确了农村“五保”供养的条件、内容、形式和管理方法。1994 年底，全国 31000 万多个乡镇实行乡镇统筹，占乡镇总数的 65%。二是实行农村最低生活保障制度。国家从 1995 年就开始设计农村最低生活保障制度，1997 年开始试行，以解决农村居民的基本生活需求。到 2001 年底，最低生活保障制度已在 2027 个县实行，大约有 0.4%的农村人口接受救助，绝对数量达到 344 万人。三是建立农村救灾管理的新体制，将农村救灾和扶贫相结合。1993 年，建立救灾工作分级管理、救灾款分级负担的新的救灾管理体制，加强了地方政府在救灾中的责任与作用。民政部开展农村扶贫工作，将有偿扶贫款用于帮助贫困村民家庭发展生产，以增强其抵御灾害的能力。1995 年底，农村贫困人口锐减到 55463 万人；2000 年底，进一步减到 46224 万人。

总之，改革开放以后，社会保障制度城乡分割的特征更加固化和明显。与城市社会保障体系的相对健全相比，农村社会保障体系建设相对滞后，农民的社会保障主要依赖较为脆弱的土地保障。90 年代中后期，虽然我国加大了对农村社会保障的建设力度，建立了农村养老、医疗及救助等社会保障制度，但是在保障内容、范围、层次和标准等方面，农村社会保障与城市社会保障相去甚远。城乡分割的社会保障制度，不能使农民真正抵御面临的诸多经济社会风险，农村社会保障的兜底功能严重缺位，直接阻碍了工业化、城市化的发展。

5.4.1.3 城乡一体化的社会保障制度探索阶段（2002 年至今）

2002 年，国家针对城乡经济社会发展失衡，提出了统筹城乡经济社会发展的战略，并且在 2005 年开始实施“新农村建设”工程和“以工促农、以城带乡”发展战略，标志着我国城乡关系进入新的发展阶段。2004 年以后，社会保障制度改革遵循城乡协调、统筹兼顾、渐进整合的原则逐步推进，初步形成了城乡一体化的社会保障体系。

2005 年，国家发布《关于完善企业职工基本养老保险制度的决定》，进一步将基本养老保险的覆盖范围扩大到城镇各类就业人员，要求逐步做实个人账户，将职工个人的缴费比例从占工资总额的 11%下调到 8%，全部纳入个人账户，企业缴费部分划入社会统筹账户。2011 年，国家出台《关于开展城镇居民社会养老保险试点的指导意见》，开始试点城镇居民养老保险改革，建立个人和政府共担养老保险资金的筹资模式，实行社会统筹和个人账户相结合，确保基本养老保险覆盖范围广且具有可持续性。该文件首次明确并强调了社会养老保险中政府的出资责任，特别是针对各地确定的基础养老金标准，中央财政会给予不同的补助支出，如中央财政对东部地区的补助为 50%，对中西部地区的补助为 100%，并提出 2012 年基本实现城镇居民养老保险制度全覆盖的目标。

2003 年，针对城市贫困家庭因病致贫、因病返贫等问题，国家开始探索建立城市居民医疗救助制度。民政部发布《关于建立城市医疗救助制度有关事项的通知》，对城市贫困居民进行医疗救助。2004 年，国家着手改革调整城市低保制度，不断提高城市居民贫困线标准，扩大城市低保覆盖范围，并建立了临时救助制度、医疗救助制度和住房救助制度等，从而形成了一个比较全面的社会救助体系，使城市居民的基本生活需求得到全方位保障。至此，我国在城市建立起相对完善的社会保障体系。截至 2018 年底，全国共有 4.1848 亿人、3.1673 亿人、1.9643 亿人分别参加了城镇职工基本养老保险、城镇职工基本医疗保险和失业保险。

2002 年，劳动和社会保障部在《关于整顿规范农村养老保险进展情况的报告》中提出，由于地区经济发展不平衡和农村经济发展相对落后，我国尚不具备普遍实行农村养老保险的经济社会条件，但是农村养老保险可以坚持在有条件的地区逐步实施。2003 年，国家确定了农村基本养老保险的重点，并且针对被征用土地的农民、进城务工农民、乡镇企业职工、小城镇农转非人员、农村计划生育对象及有稳定收入的农民等不同群体的特点，制定了相应的参加社会养老保险的办法，以促进农村劳动力有序流动，维护农民的合法权益。2007 年，《关于切实做好被征地农民社会保障工作有关问题的通知》颁布，国家明确了被征地农民参加城镇社会保障的资金筹集方式、管理和监督等要求，规范被征地农民的社会保障工作。2009 年，国家依据《关于开展新型农村社会养老保险试点的指导意见》，在全国10%的市、县、区进行“新农保”试点，将 16~60 岁未参加城镇职工基本养老保险的农民纳入参保范围，并且承诺在 2020 年之前使农村基本养老保险覆盖到所有的农民。新型农村基本养老保险由农民自愿参加，资金由农民、农村集体和政府三方共同筹集，采取部分基金制的运行模式。尽管与城镇职工基本养老保险相比，新型农村基本养老保险的保障水平较低，但是新型农村基本养老保险制度的实行，标志着具有现代意义的、社会化的农村基本养老保险正式确立。2011 年，城镇居民社会养老保险试点改革也开始进行，国家同步推进新型农村养老保险和城市居民养老保险试点。2012 年，城乡居民社会养老保险实现了制度全覆盖，参保人数快速增长。截至 2012 年底，全国城乡居民养老保险参保人数达到 48370 万人。2018 年底，已有 5. 2392 亿人参加了全国城乡居民养老保险，与 2017 年相比，增加了 0. 1137 亿人。

2003 年，国家下发《关于建立新型农村合作医疗制度的意见》，提出建立以大病统筹为主的新型农村合作医疗制度，实行个人缴费、集体扶持和政府资助相结合的筹资机制，要求到 2010 年基本实现“新农合”的全覆盖。从 2003 年开始，中西部地区县级以下的“新农合”参保农民都会获得中央财政给予的每人每年 10 元的财政补贴，并且地方政府也实施不低于中央财政的补贴标准。由于农民参加“新农合”的积极性提高，参保人员规模增长，同时政府不断增加对“新农合”的财政投入并提高报销标准，从而保证了农民的基本医疗需求。2012 年，按照《“十二五”期间深化医疗卫生体制改革规划暨实施方案的通知》要求，政府承诺力争到2020年实现人人享有基本医疗卫生服务的目标；针对城乡救助资金的不足，增加财政资金投入，对被救助对象，尤其是医疗救助对象，不再划分救助的起付线，并不断提高被救助对象自费部分的救助比例。

农村社会福利制度的发展，体现在老年津贴制度的出现、农村教育福利的发展上。从2008年起，云南、上海和武汉等地开始探索建立针对年龄超过80岁老年人的津贴制度。到2010年，全国已经有7个省份建立了老年津贴制度。农村教育福利的发展，体现在农村地区真正实施九年制义务教育。2003年，国家对农村贫困学生提供“两免一补”待遇，确保适龄儿童不因家庭困难而失学。2005年，根据《关于深化农村义务教育经费保障机制改革的通知》要求，国家正式将农村义务教育经费全部纳入公共财政支出的范围，为弥补中西部地区教育经费支出不足，由中央财政加大教育经费的财政支付比例。2007年，国家下发《关于调整完善农村义务教育经费保障机制改革有关政策的通知》，彻底免除农村义务教育阶段学生的学杂费，完善家庭经济困难寄宿生的生活费补助政策，全面落实农村义务教育，确保农村学生的受教育权利。

近十多年来，城乡一体化的社会保障制度逐步发展，建立了以养老、医疗、失业三大保险为主的基本保险制度和以工伤、生育保险以及社会救济为主的辅助保险制度，城乡社会保障的水平不断提高，保障范围逐步扩大，人民群众的生活基本得以保障。从整体上看，城市社会保障体系相对比较健全，而农村社会保障体系还不太完善。受到农村经济发展水平和农民收入水平、农民参保意识和积极性等多种因素的制约，城乡社会保障发展不平衡、不衔接等问题还比较突出，如农村养老保险的支付水平远不能满足农民的养老生活需求、农村医疗保险保障的范围较窄、农村最低生活保障水平较低等。如果这些问题不能很好地解决，必定严重阻碍城乡一体化的发展。

5.4.2 城乡统筹进程中社会保障制度的缺陷

为彻底改变城乡二元经济社会结构，从2006年开始，中央全面实施城乡统筹发展战略。其中，作为城乡统筹发展支柱之一的城乡社会保障统筹被提上日程。但是，社会保障制度的统筹发展并不顺利，城乡社会保障在主要内容、保障程度、筹集模式和监督管理等方面还存在较大差异，而且社会保障制度的缺陷及其功能扭曲问题越发突出。社会保障制度的缺陷表现在以社会保险、社会救助为主要内容的社会保障更多向城市居民倾斜，而不是向最需要得到保障和救济的农村居民倾斜，由此导致社会保障制度本该具有的促进社会公平和稳定社会的功能不能有效发挥。

5.4.2.1　城乡社会保障制度的项目设置不平衡

我国城市社会保障起步早，发展路径沿着国家—单位的保障模式向国家—社会的保障模式演进，有效地规范了国家、企业、个人的责任和权利，兼顾了经济效率和社会公平。随着国家对社会保障制度的改革、调整和各级财政对社会保障的公共投入增加，以城市偏向为突出特征的社会保障体系不断健全，城市社会保障体系日臻完善，已经覆盖社会保险、社会救助和社会福利等主要方面，现代意义上的社会保障体系为城镇居民相当程度地解除了经济社会风险，较好地发挥了兜底的社会作用。而农村社会保障体系起步却比较晚，形成和发展过程受到改革路径依赖、财政投入和历史遗留等因素的制约，但农村社会保障已经开始从农村集体、家庭保障模式向现代意义上的国家、社会和家庭三方力量共同保障模式推进，突出了国家在农村社会保障中的出资主体责任和农民权利与责任的一致性，提高了农村居民家庭参保的积极性，初步建立了社会保险、社会救助、社会福利在内的社会保障体系。作为社会保障制度的核心，城市社会保险体系相对健全，而农村社会保障体系则项目残缺，缺少必要的失业保险、生育保险、工伤保险等。这与广大农民、农民工的社会保障需求不相适应，因为他们所从事的都是一些具有较高自然风险、经济风险和社会风险的行业，需要有项目齐全的社会保障。此外，这也与土地在农村家庭保障中的作用日渐衰微以及农村核心家庭的保障能力不足等现实形成突出矛盾。除了长期以来实施的“五保户”供养制度较为稳定以外，农村救灾、扶贫还缺乏稳定和持之以恒的常态化的救助机制。虽然农村最低生活保障基本实现了制度全覆盖，但是与维持农民基本生活需求仍相去甚远。农村的住房、儿童、老人等社会福利基本处于空白状态。尽管国家不断推进二元户籍制度改革，不少省份已经统一了农民与市民户籍登记制度，但是在大规模的农村劳动力向一线、二线城市转移的过程中，附着在户口背后的医疗、就业、住房、社会保险等公共服务的差别依旧存在，尤其是农民与市民两种身份在享受社会保障权利方面的不平等，这在一定程度上损害了社会公平和正义，也制约了社会保障“扶危济贫”基本功能的发挥。

5.4.2.2 城乡社会保障的覆盖范围不一致

近年来，以社会保险为主体的社会保障覆盖范围确实扩大了不少。截至2018年底，全国共有9.4293亿人、13.4452亿人、1.9643亿人和2.3868亿人分别参加了基本养老保险、医疗保险、失业保险和工伤保险，分别比上年增加了2745万人、16771万人、859万人和1145万人。与城市社会保障相比，农村社会保障的主要项目，如养老保险和医疗保险，其保障范围这几年虽然一直在不断扩大，但覆盖面依然较窄，目前仍有2亿左右的农民没有参加任何社会保险。在城镇化的快速发展中，大量灵活就业的农民工、失地农民和处于半失业状态的农民的社会保障缺失情况比较严重。这些外出务工、经商的农民工多数处于长期流动状态，参与社会保障的积极性不高，再加上目前社会保险关系转移难的影响，他们的社会保障权益也会受到一定损害。从表5-3中可以看出，近年来农民工人数不断增加，但其参保率却相对比较低。截至2017年底，农民工总人数为2.8562亿人，但参加基本养老保险、医疗保险、失业保险和工伤保险的分别仅有0.6202亿人、0.6225亿人、0.4897亿人和0.7807亿人，分别占农民工总数的21.6%、21.7%、17.1%和27.2%。此外，农村最低生活保障制度未能实现应保尽保。2017年，按照农村人均纯收入2300元（2010年该数额不变）的扶贫标准，依然有3046万的农村贫困人口挣扎在贫困线以下。

表 5-3　2008—2017 年农民工参加社会保险的情况　　单位：万人

年份	全国农民工总人数	参加基本养老保险的农民工人数	参加医疗保险的农民工人数	参加失业保险的农民工人数	参加工伤保险的农民工人数
2008	22542	2416	4266	1549	4942
2009	22978	2647	4335	1643	5587
2010	24223	3284	4583	1990	6300
2011	25278	4140	4641	2391	6828
2012	26261	4543	4996	2702	7179
2013	26894	4895	5018	3740	7263
2014	27395	5472	5229	4071	7362
2015	27747	5585	5166	4219	7489
2016	28171	5940	4825	4659	7510
2017	28652	6202	6225	4897	7807

资料来源：根据《人力资源和社会保障事业发展统计公报》历年数据整理。

5.4.2.3　城乡社会保障水平存在较大差距

城乡社会保障的发展路径和保障模式不同，尤其是资金的筹集方式、统筹层次和管理体制的差异，使得城乡社会保障水平差距较大。国家安排的社会保障资金更多地投入到城市，投入到农村的相对较少。目前，城乡人均社会保障支出差距仍然较大，城市高于农村。农村的社会保障水平较低，同城镇相比存在较大差距，主要体现在养老保险、医疗保险、社会救助等对城乡居民的保险标准和补助标准不同，差异明显。例如，农民参加的城乡居民基本养老保险，农民每月领取的退休养老金多则几百元、少则百十元，与城镇职工基数较高且不断上调的退休养老金相比，差距明显，前者无法满足农村老年人基本的生活需求，而后者可以满足城镇职工基本的养老生活需求。2017 年，城镇职工基本养老保险的月人均给付额为 2875.92 元，而同期国家规定的城乡居民基础养老金最低标准仅为每人每月 70 元，城乡居民基本养老保险的月人均给付额仅有 126.73 元，其差距在 20 倍以上。目前，农民参加的城乡居民基本养老保险和城镇居民养老保险的养老金中位数分别为每年 720 元、1200 元，后者是前者的近 1.7 倍。依靠养老金养老的城市老年人占到 60%~70%，而农村依靠养老金养老的老年人只占 5%左右，大部分还是依靠家庭养老。另外，城乡居民最低生活保障的补助标准差距较大。由表 5-4 可知，随着城乡低保平均标准的提高，近年来城乡低保的人均补助额也有所增加，但农村低保的人均补助水平远低于城市。2018 年，城市最低生活保障支出 575.2 亿元，全国共有城市低保对象 1007.0 万人，城市低保月人均补助水平为 574.6 元；农村最低生活保障支出 1056.9 亿元，全国共有农村低保对象 3519.1 万人，农村低保月人均补助水平仅为 200.3 元，农村低收入家庭难以应对贫困的困扰。当农村贫困家庭遭遇疾病侵袭时，往往得不到足够、及时的贫困救助和医疗救助，从而造成许多家庭因病致贫、返贫。

表 5-4 城乡最低生活保障水平对比

年份	城市最低保障水平			农村最低保障水平		
	城市低保人数（万人）	城市低保平均标准（元/人/月）	人均补助水平（元/人/月）	农村低保人数（万人）	农村低保平均标准（元/人/月）	人均补助水平（元/人/月）
2010	2310.5	251.2	189.0	5214.0	117.0	74.0
2011	2276.8	287.6	240.3	5305.7	143.2	106.1
2012	2143.5	330.1	239.1	5344.5	172.3	104.0
2013	2064.2	373.0	264.0	5388.0	202.8	116.0
2014	1877.0	411.0	286.0	5207.2	231.4	129.0
2015	1701.1	451.1	316.6	4903.6	264.8	147.2
2016	1480.2	494.6	464.7	4586.5	312.0	221.2
2017	1261.0	540.1	507.9	4045.2	350.9	260.0
2018	1007.0	579.7	574.6	3519.1	402.8	200.3

资料来源：根据《社会服务发展统计公报》《民政事业发展统计公报》历年数据整理。

5.4.3 社会保障制度的缺陷对城乡统筹发展的制约

在现代社会中，社会保障制度是实现公民的生存权利、发展权利和其他人权的基本保障，也是维护社会稳定和调节不同群体收入分配差距的重要工具，更是全体社会成员共同分享经济社会发展成果和促进经济社会协调发展的重要途径。我国现行社会保障制度的缺陷，不仅破坏或扭曲了自身所具备的促进收入分配公平、稳定社会等基本功能，还对城乡统筹发展形成明显制约。

5.4.3.1 不利于城乡收入分配合理化

维护社会公平是社会保障制度的天然使命，也是现代社会保障制度产生、存续和发展的基本动力。适应不同经济发展阶段的要求，国家调整和改革社会保障制度，给予社会成员基本相似的社会保障权利和待遇，将城乡之间、地区之间、不同人群之间的社会保障水平和待遇控制在合理范围内，并且通过调节国民收入再分配和社会兜底功能，致力维护社会公平和正义，是现代社会保障制度的核心理念和基本价值诉求。在现代市场经济中，发挥市场配置资源的决定性作用并实行与之相对应的按要素贡献进行收入分配，不可避免地会产生收入差距拉大的现象，这就客观上要求健全的现代社会保障制度来纠正和缩小收入差距，以实现社会公平的目标。我国自20世纪90年代实行社会主义市场经济体制以来，城乡收入分配差距逐渐呈现拉大趋势。1996年，我国城市居民人均可支配收入与农村居民人均可支配收入的比例达到2.51：1，2000年该比例为2.74：1，2005年进一步扩大到3.22：1，2009年达到3.33：1，近年来虽有所下降，但下降幅度不大。我国社会保障制度经过不断改革，对缩小收入分配差距起到了重要作用，但由于还存在一定的缺陷，其自身所具备的调节收入分配的功能无法得到最大限度发挥，在一定程度上反而拉大了城乡居民之间的差距。目前，我国农村社会保障制度还不完善，保障项目较少，保障水平偏低，再加上一些保障项目在地区间转移接续较困难，从而造成许多农民参与社会保障尤其是养老保险和失业保险的积极性不高，社会保障的兜底作用较差。实际上，如果把城市居民所享有的社会保障方面的补贴或福利考虑进去，如医疗保险、失业保险、工伤保险、最低生活保障救助以及教育、住房等福利，城乡居民收入差距可能更大。

5.4.3.2 不利于城乡经济均衡发展

稳定和促进经济发展是社会保障制度的重要功能之一。现代意义上的社会保障促进经济增长的内在机制表现在以下两方面：一方面，通过调节收入分配的作用使劳动者个人收入达到相对公平，进而激励劳动者进行创新，促进劳动生产效率的提高；另一方面，不断提高的社会保障水平会增加城乡居民的消费意愿和消费能力，提高全社会边际消费倾向和消费支出乘数，进而实现持续平稳的经济增长。然而，我国向城市居民倾斜的社会保障制度，扭曲了其自身调节收入再分配的功能，导致劳动者个人收入分配缺乏公平性，抑制了劳动者生产效率的提高。改革开放以后，不均衡的经济发展战略导致东、中、西部地区收入差距整体上呈现扩大趋势，东、中、西部地区经济发展悬殊。由表 5-5 可知，东、中、西部地区的农村居民人均可支配收入近年来有所增加，但差距还是较大。2018 年，东部地区农民人均可支配收入是中部地区的 1.31 倍，是西部地区的 1.55 倍。从人均 GDP 来看，1998 年东部地区的人均 GDP 为 11368 元、中部地区的人均 GDP 为 5011 元、西部地区的人均 GDP 为 4268 元，西部地区人均 GDP 增长的规模仅相当于东部地区的 37%、中部地区的 85%；2003 年，西部地区人均 GDP 增长的规模仅相当于东部地区的 36%、中部地区的 90%；2018 年，三大地区的人均经济增长规模之间的差距虽有所缩小，但西部地区人均 GDP 增长的规模还只是东部地区的 55%、中部地区的 90%。2018 年，东部地区上海市人均 GDP 为 134982 元，而西部地区贵州省人均 GDP 仅为 41244 元，前者是后者的 3.27 倍。东、中、西部地区间的收入差距拉大和地区间经济发展失衡，一定程度上反映出社会保障制度对社会收入差距的调节作用的缺位，这反过来又会造成不同地区社会保障水平和社会兜底功能发挥程度的不同。从根本上说，经济发展的非均衡性和收入水平的不同，造成不同地区的社会保障在内容、范围和水平上的差异，后者在一定程度上会影响人们对未来的经济预期和经济决策。

表 5-5 东、中、西部地区农村居民人均可支配收入的差距 单位：元

年份	东部地区	中部地区	西部地区
2005	4720	2957	2379
2006	5188	3283	2588
2007	5855	3844	3028
2008	6598	4453	3518
2009	7156	4793	3816

续表

年份	东部地区	中部地区	西部地区
2010	8143	5510	4418
2011	9585	6530	5247
2012	10818	7435	6027
2013	11857	8983	7437
2014	13145	10011	8259
2015	14297	10919	9093
2016	15498	11794	9918
2017	16822	12806	10829
2018	18286	13954	11831

资料来源：根据《中国统计年鉴》历年数据整理。

由于社会保障制度不健全和城乡间社会保障水平差距较大，城乡居民对未来生活预期不乐观，往往会选择更积极的储蓄，不断走高的社会储蓄率印证了这一点。部分地区社会储蓄率提高，不可避免地会降低当期的消费能力和消费意愿，进而造成我国消费支出水平偏低，社会总的消费需求对经济增长的贡献率和消费支出对经济增长的拉动作用较弱。据统计，1978 年、2000 年、2005 年和 2018 年，城镇居民人均可支配收入分别为 343.4 元、6280.0 元、10493.0 元和 39251.0 元；城镇居民人均消费水平分别为 405 元、6999 元、9832 元和 33282 元；城镇居民的消费支出占城镇居民人均可支配收入的比重分别为 117.9%、111.4%、93.7%和 84.8%。1978 年、2000 年、2005 年和 2018 年，农村居民人均可支配收入分别为 133.6 元、2253.4 元、3254.9 元和 14617.0 元；农村居民人均消费水平分别为 138 元、1917 元、2784 元和 13062 元；农村居民人均消费支出占农村居民人均可支配收入的比重分别为 103.3%、85.1%、85.5%和 89.4%。1985 年，我国最终消费支出对国内生产总值增长的贡献率为 85.5%，2003 年该贡献率下降到 35.8%，之后逐渐恢复到 2016 年的 66.5%，2017 年又下降到 57.6%。① 社会保障体系的不完善，特别是具有较高边际消费倾斜

① 根据《中国统计年鉴》历年相关数据整理得出。

的农村居民可以享受到的社会保险的保障能力较弱，降低了城乡居民的消费意愿和社会整体的消费倾向，造成全社会的消费支出对经济增长的拉动作用较弱，我国经济增长不得不依靠投资和出口需求的拉动，从而阻碍了经济增长方式的转变和经济增长质量的提高。

5.4.3.3 降低了城镇化发展的质量和效益

城乡统筹发展的核心是全社会的经济资源包括劳动、资本、土地和技术等要素在城乡之间能够自由流动和优化配置，在城乡产业融合中提高城镇化发展的水平和质量，促进城乡经济发展的良性互动。现行社会保障制度存在缺陷，不利于农业劳动力顺畅转移和快速融入城市，阻碍了城镇化发展质量的提升。农村社会保障体系的不完善和保障水平偏低，抑制了农民从事相对高风险的经济活动，不利于农村产业结构调整和农村经济发展。以农业为主导产业的农村经济，是一种典型的风险经济，广大农民置身于较大的经济社会风险之中，缺少相应的化解风险的制度性安排，难免陷入经济社会的困顿之中，甚至难以维持基本的生活需要，更不用说体面地生活了。相反，一旦农民拥有了保障基本生活的防线，就可以在一定程度上改变在市场竞争中的弱势地位，有效防止市场竞争中强势群体的权利滥用。大规模转移的农民工虽然可以享受城乡居民医疗保险，但跨地域转移的权利却受到一定的限制，很多用人单位并不会为他们缴纳养老保险、失业保险和工伤保险等，这在一定程度上阻碍了农村劳动力快速融入城市。因未能享受与城镇居民同等的社会保障待遇和其他公共服务，这些已经转移出来的农民工只是在数据统计上被当成城镇居民，但并没有变成真正的城镇居民，城镇化发展速度虚高掩盖了城镇化在质量方面的问题。在城镇化发展过程中，失去土地的农民无法继续从事农业生产，土地的保障功能基本消失。一旦失地农民因政府安排的就业机会不够而面临失业问题，就会彻底失去生活的经济来源，再加上土地补偿标准偏低，土地补偿费用难以维持基本的生活需要，失地农民的生活就会陷入困境。因此，如果失地农民不能及时地被纳入城镇居民的社会保障体系，不能彻底完成“人的城镇化”，就会给社会带来不安定的隐患。目前，东部地区的产业渐次向中西部地区转移，中西部地区的县域经济发展和农民工在省内就业趋势不断加强，发展乡镇企业成为中西部地区产业结构调整的重要途径。乡镇企业的工人主要是当地农民，离土不离乡和农业兼业经营使乡镇企业分布零散、规模偏小。要加快城镇化的进程，就必须推动乡镇企业在空间上适当聚集。目前，乡镇企业职工面临着与城镇职工相似的养老、疾病、失业、工伤等风险，但却缺乏相应的社会保障，这必然成为乡镇企业规模做大、产业集聚的重要障碍，从而延缓城镇化进程。

5.5 我国的财税制度安排及其对城乡统筹发展的影响

新中国成立后，为了促进工业化的发展，我国实行了城市偏向的财税制度，财政资金更多投入城市，而对农村和农业则投入较少，这在一定程度上拉大了城乡差距。改革开放以来，我国的财税制度不断进行调整改革，并出台了一系列支持农业、农村发展的财政税收优惠政策和措施，但在促进城乡经济社会统筹发展方面的成效并不显著。本节将分析城乡统筹进程中的财税制度安排及其对城乡统筹发展的影响。

5.5.1 城乡关系演变下的财税制度变革

新中国成立以来，我国的财政体制经历了多次变迁，其间的财税制度安排也不断变化，政府与企业之间的关系和中央政府与地方政府之间的集权与分权程度也各有不同。工农关系、城乡关系也由于财税体制和相关制度安排的变迁呈现不同的特点，但总体上，我国的财税制度安排具有明显的城乡二元特征，尤其是在2006年以前：一方面，财政农业投入占整个财政支出的比重较低；另一方面，教育、养老等农村社会事业甚至道路、水利等农用基础设施主要靠农民自筹。2006年以后，我国初步建立起与社会主义市场经济体制相适应的公共财政制度。

5.5.1.1 改革开放前高度集中的财税制度安排：统收统支

新中国成立初期，在恶劣的政治经济形势下，经过三年的社会主义改造，为了尽快实现“赶英超美”的目标，我国选择了重工业优先的发展战略，统收统支的财税制度安排也应运而生。

从国际环境看，一方面，新中国仍然遭受着以美国为首的帝国主义的国际封锁；另一方面，从20世纪50年代中后期开始，苏联和我国的关系不断恶化，这种形势使得刚成立不久、百废待兴的新中国更不可能依靠任何外来力量进行发展和建设，只能依靠国内积累。从国内环境看，总体国民经济发展水平还很低，年人均国民生产总值只有50美元左右。从产业构成看，新中国成立初期，农业是我国的主导产业，现代工业部门较少且自身积累水平极弱，国家不得不选择通过获取农业剩余来筹集工业化发展资金。

尽管这一时期的不同阶段，财政统收统支体制的具体形式和实施安排在不同年份有所变化和调整，但其统收统支的实质并没有变化，调整的只是中央政府“统”的程度和中央对地方政府与企业“放”的程度。20世纪50年代初，为了平衡财政收支，当时的中央人民政府政务院相继颁布了《关于统一全国财政经济工作的决定》和《关于统一管理1950年度财政收支的决定》，以及其他有关规定。这些文件的发布促使国家财政由以往的分散经营管理转向中央集中管理的模式与体制。这种高度集中的财政管理体制在当时不仅有利于市场交易价格的稳定，而且有利于促进国民经济的顺利恢复和发展。1951年3月，政务院颁布了《关于1951年度财政收支系统划分的决定》，明确规定实行由各地方政府分级管理的预算管理制度，而不再实行高度集中管理。1953年“一五”计划实施后，根据当时国内经济发展形势，财政管理体制进行了相应改革，形成了中央、省、县三级财政，并实行按比例划分中央和地方财政收入和支出的分类管理办法。1957年11月，国务院颁布《关于改进财政管理体制的规定》，规定从此我国实行新的财政管理体制，即以收入决定支出，而且必须保持五年不变，五年一定收支。1959年9月，国务院通过了《关于进一步改进财政管理体制和改进银行信贷管理体制的几项决定》，该决定的发布开启了我国“划分收支、总额分成、一年一变”的财政管理体制。1965年以后，根据实际需要，中央又对该体制做了一些小的改进，目的在于促使地方政府更积极地组织财政收入，发展地方经济。除了在1968年暂时实行“收支两条线”外，这一财政管理体制基本上一直执行到1970年。总体来看，该体制是比较集权的体制。

该时期，和国家当时实行的重工业优先发展战略相适应，国家投资支出中投入工业的份额较多，投入农业的份额较少。这种支出状况与我国当时农业部门对国民收入的高贡献率及农业人口占国民人口的高比重状况不相适应；而有限的农业支出又重点投放在农业基建和农、林、水、气象等部门的事业费方面。

1950年《全国税政实施要则》的发布，标志着我国正式确立了社会主义税收制度。其主要内容就是确定了包括货物税等14个税种在内的工商税体系。从1953年起，我国开始实行粮食的计划收购，并于1958年实行农产品统购派购制度。1958年，《中华人民共和国农业税条例》颁布实施，这是新中国在农村实行的第一部统一的农业税税法。农业税以征收实物为主，以往年产量为标准，主要分夏、秋两季征收粮食。改革开放前的20多年中，政府通过人为安排的工农产品价格差价从农业部门获得的转移资金接近4000亿元，通过收缴农业税获得收入约780亿元。即使把财政拨付给农业领域的支农资金1562亿元扣除掉，农业部门的资金净流出额也超过3000亿元。在我国实行强制性的粮食统购统销制度的20多年中，国家从农村收购的粮食数量占同期粮食总产量的二到三成，个别年份这一比例竟达到三成半；政府收购的棉花、油料等农产品的数量占其总产量的比例更高，有八到九成。为了方便国家控制和转移农业剩余支持工业化发展，国家设计了集体所有的农业土地制度和集体经营管理制度。这种制度安排由于激励不足和缺乏有效监督，使农业生产力发展相对缓慢，农村普遍贫困，农民收入低。与此同时，大量农业剩余转向工业的制度安排加速了我国工业化的发展。20世纪70年代后期，我国的工业体系已独立形成，在工农业总产值中，工业部门创造的总产值已占到75%左右，而新中国成立初期，该比例仅为30%左右。不可否认，在这20多年中，我国工业化的快速发展客观上也促进了农业部门的发展，但不少学者倾向于认为该时期的工业化主要是城市的工业化。工农业发展失衡、农业发展不足成为制约我国国民经济发展的瓶颈。

5.5.1.2 1979—1993年经济体制转轨时期的财政包干体制：行政性分权

该时期，我国开始实行计划经济体制向有计划的商品经济体制的渐进转变。1984年10月，《中共中央关于经济体制改革的决定》颁布，该文件明确要求，在遵循国家统一指导这个大的前提下，地方政府和工农企业自主进行经营管理。自此开始，国家不断调整政府与企业、中央与地方的关系。

在财政预算管理体制方面，开始由统收统支转向实行以行政性分权为特征的多种形式的财政包干制。1980—1984年，实行的是“划分收支、分级包干”的财政体制，这一体制有利于实现财权和事权的紧密结合与统一，使地方政府发展本地经济的积极性大大提高。1985年，我国开始在全国绝大部分地区实行“划分税种、核定收支、分级包干”的财政体制。该体制不再根据企事业隶属情况来划分各级政府的收入，而主要根据税种的不同来确定各级财政收入。1988—1993年，又根据不同地方的发展状况对分级包干的办法进行了具体改进，如收入递增包干、分税制试点等，概括地说，就是不同的地方实行不同的包干办法，目的是更好地处理中央与地方的分配关系，调动地方政府的积极性。

这一时期，政府和企业在收入分配关系方面的渐进式变革，一方面有利于企业拥有较多的经营自主权，调动了企业的发展积极性，提高了企业和个人收入占整体国民收入的比重，另一方面又使得财政收入占GDP的比重一路下降。国家财政收入占GDP的比重1979年为28.39%，到了1993年，该比重仅为12.56%。而在中央和地方的分配关系变革中，财政包干制的实施造成中央政府在财政收入增量中获得的份额较少，财政收入分配中地方政府收入所占比重不断提高，中央政府收入所占比重不断下降，如1979年，中央财政收入占总财政收入的46.8%，到了1993年，该比重仅为31.6%。

国民收入中财政收入占比的下降和中央财政占全国总财政收入比重的

下降直接制约了财政向农业领域的投入。1979 年，农业支出占财政总支出的 13.6%，到了 1993 年，该比重仅为 9.49%。这种财政支出格局进一步拉大了工农业发展差距和城乡居民收入差距。1978—1984 年，工业发展速度是农业的 1.2 倍，到了 1986—1990 年，工业发展速度竟上升为农业的 2.8 倍。

5.5.1.3 1994—2005 年的分税制财政体制：经济性分权

从 1994 年 1 月 1 日起，分税制在全国范围内开始实施，即根据各级政府负责的事权划定各级财政支出，根据财权与事权相统一的原则划分各级财政收入；设置中央级税务机构，征收中央税、共享税，设置地方级税务机构，征收地方税；建立了中央对地方的税收返还制度。

分税制改革以后，我国的财政农业投入仍不理想：农业支出占财政支出的比重总体上仍不断下降，由 1994 年的 9.2%下滑到 2004 年的 8.28%。2004 年，农业总产值中只有 12.6%是国家投入的支农资金，若把国家安排的粮棉储备资金和转移支付资金减掉，该比重还不到 10%，远低于我国农业 GDP 占整个 GDP 的比重，该比重也明显低于国际上很多国家的财政支农比重。王朝才、傅志华（2004）进一步分析指出了我国有限的财政支农资金支出方向和结构不合理、资金使用效益偏低等问题。他们在对 2002 年的相关数据进行分析后发现，地方财政提供和管理的财政支农资金约占全部财政支农资金的 89%，中央财政提供和管理的支农资金比重仅为 11%。其中，农业基建支出约占 33.3%，约 66.7%的支农资金用于农林水等机关干部和困难群体的“吃饭财政”，具有促进农业发展潜力的农业科技三项费用支出只占 0.7%。分税制改革以后，财政来自农业的收入却增加很多。分税制下，农业税和农业特产税属于地方税，为了获得更多的财政收入，地方政府自然高度重视加强税收的征管。仅在 1994—1997 年，通过征收农牧业税而增加的平均收入就是 1993 年农牧业税收的两倍左右，增长率高于农业产出的增长率。1993—1998 年，全国农业各税年均净增 54.6 亿元。另有研究表明，分税制改革并未改变国家和财政部门从“三农”领域“取多予少”的局面。以 2001 年为例，税收收入的 18.7%是通过向农民和农村乡镇企业征税而取得的，绝对额达到2352.7亿元，而同年的财政支出中只有7.71%是农业支出。

总之，分税制改革造成县乡基层财政困难，而基层政府化解困难的手段之一就是征收农业税费，结果进一步加重了农民负担，扩大了城乡收入差距，制约了农业和农村发展，城乡二元结构问题仍然没有得到缓解。

5.5.1.4 2006年至今：公共财政制度初步确立

进入21世纪以来，结合我国工业化发展进程，并借鉴国际经验，我国对经济社会发展战略做了一些调整。2006年，中央政府宣布取消农业税，这标志着中国农业进入免税时代，农民需要缴纳皇粮国税的历史结束了。同时，公共财政的“阳光”开始全面覆盖农村，在农村义务教育上实行“以县为主”的管理体制，新型农村合作医疗和新型农村养老保险也开始建立实施。政府对农业的补贴支持力度也在不断加强。

这些政策和制度安排的调整并不会立刻改变长期演化形成的城乡二元经济和社会结构，因为制度效应是渐进发挥的，经济社会的变迁也是缓慢发展的。虽然农业税的免除和各项涉农补贴的发放在一定程度上减轻了农民负担、增加了农民收入，但我国农业现代化发展水平还比较低，农民收入的长效稳定增加机制尚未形成，农村发展不足的状态不可能很快改变，城乡居民的收入差距、消费差距、生活水平差距依然较大。尽管公共财政增加了对农村的投入，加大了向农村倾斜的力度，但农村公共品还比较欠缺，城乡教育、医疗、养老等基本公共服务的非均等化供给现象仍然存在，实现城乡统筹发展的目标任重而道远。尽管党中央、国务院做出部署，要采取多种措施对贫困人口进行精准脱贫或通过社保兜底使少数特困人口得到保障，但城乡一体化发展在我国的实现绝非易事，至少需要几代人的努力。

5.5.2 城乡统筹进程中财税制度的缺陷

虽然我国对财税体制不断地进行改革与调整，但它在促进城乡经济社会统筹发展方面的成效并不显著。由于制度惯性和路径依赖，我国的财税制度仍具有二元性，在一定程度上偏向工业、城市和市民，这就使农民承担了较多的负担和责任，而享受的权益却相对较少，从而不利于城乡统筹的发展。

5.5.2.1 城乡二元财政制度的缺陷

特殊的国情、发展环境和发展战略使我国形成了城乡二元经济社会结构。与二元经济结构相适应，我国在财政制度安排上也具有明显的二元性。在二元财政制度安排下，尤其是在改革开放前的计划经济体制时期，一方面，财政资源主要配置到工业和城市部门，城镇居民享受着较多的公共服务和社会福利；另一方面，农村和农业主要向国家提供农业税收，农民和农村从政府得到的财政支持和资源较少。党的十一届三中全会以后，随着经济体制改革的推进，我国的财政体制也经历了几次变迁，但是城乡财政制度安排的二元特征依然存在。进入21世纪以后，尽管国家增加了财政支农资金、农村义务教育经费等方面的支出，但农业财政支出占整个财政支出的比重仍然偏低，大多数年份不到10%，这种状况在一定程度上阻碍了城乡统筹发展。

（1）政府间事权划分不明确，农村基层政府的事权负担重。

我国的财政体制虽然几经变迁，但当前的财税体制改革仍不彻底，财税的法治化水平和规范化程度较低，政府间事权划分不明确。分税制基本划清了中央政府与省级政府之间的事权和财权，但事权与财权在省级政府和省级政府以下的市、县地方政府之间的划分却不够清楚和明确，地方政府事权多而财权少。由于财政体制主要是依据国务院的相关文件进行安排的，缺乏严密规范的法律规定，即使在中央政府与省级政府之间，很多职责划分也不是很清楚。只有那些只属于中央政府或地方政府的事权可以在二者间清晰划定，但有些需要二者交叉提供的事权，在提供责任划分上就存在很强的变动性和模糊性。中央政府可以利用其权威加大地方政府的事权责任，甚至把一些本应由中央政府承担的事权授权给地方政府提供和承担；中央政府又有权随时根据情况的变化上收事权。这种频繁而缺乏规范的调整既造成了地方政府管理事务的繁杂多样，也使地方政府的行为主要围绕上级指挥棒而不是地方经济社会发展的现实需要而展开，一定程度上造成地方政府行为缺乏规划性、全局性和长远性。在地方政府之间，高一级的地方政府又把事权层层下压给低一级的地方政府承担，最终使县乡基层政府尤其是农村集体和农民承担过重的事权责任。农村公共品供应不足也是政府间事权划分不合理、城乡二元财政制度安排的必然结果。长期以来，我国的县乡基层政府负责大多数农村公共产品的提供，如农村义务教育、农村社会保障、乡村医疗卫生和计生服务等，这就增加了基层政府的事权负担和支出责任。比如，在我国的农村义务教育上，乡镇基层政府提供了78%以上的教育经费，县级政府提供了9%左右，中央和省级政府仅提供了13%左右。而国际上通行的做法则是由中央和地方两级政府共同提供义务教育经费，中央、省级政府提供的经费比例较大。1979年，美国的义务教育经费中，48.6%由联邦政府和州政府共同提供，其中40.1%由州政府提供；1978年，德国的义务教育经费中，74.5%由联邦政府和州政府共同提供，其中74.2%是由州政府提供的。

（2）基层政府财力与事权不匹配，债务负担重。

在分级分税财政体制框架下，上级政府往往利用其优势地位削减下级政府的财权，却加大地方政府的事权，即所谓的“财权上移、事权下移”。县乡基层政府的事权多、财权少，事权支出大于可用财力。农村税费制度改革和免除农业税之后，县乡基层政府财力不足的问题更加凸显。分税制改革一方面使地方财政收入向中央财政转移，另一方面中央政府又不断下放事权，却没有下放相应的财权，再加上县域经济发展缓慢，缺乏稳定的收入来源，致使县乡基层地方政府负担着与其财源不匹配的过多事权，进而造成基层财力紧张。当前，县乡基层政府实际上担负着提供大部分基本公共服务的责任，如农村公共卫生和公共环境维护、乡村公路等基础设施建设等。但在后农业税时代，农民免交农业税了，乡镇政府没有那么多的财权，基层财政亏空不可避免。地方政府由于竞争压力较大和晋升激励的双重刺激，不得不想方设法筹措资金以发展地方经济和保证政府正常运转，从而造成沉重的地方债务负担。尽管地方政府长期在法律上无法获得举债权，但其通过地方融资平台等方式筹资形成了事实上的地方政府债务，而且债务规模不断扩大、增长率不断提高。截至2018年底，全国地方政府债务余额约为18万亿元，占全国GDP的比重约为20.5%。

1978—1994年分税制改革以前，在全国的财政收入中，60%都是地方财政收入；中央政府财政收入占全国财政收入的比重除1984年达到40.5%之外，其余年份均在40%以下。而1994年分税制改革以后，中央政府的财政收入占比在47%~55%区间波动，地方政府财政收入占比则相应下降，除1996—1998年外，1994—2010年间的大多数年份，地方财政收入比重都在48%以下。近几年，地方财政收入占比有所上升，但最高也仅为53%，还是满足不了地方财政支出的需要。虽然分税制改革以后中央政府也通过税收返还、转移支付等制度安排对地方政府进行财政返还，但一方面由于地方政府收不抵支的形势太过严峻，另一方面由于转移支付体系本身存在问题，地方政府的财政缺口依然不能得到有效解决。

我国当前的转移支付体系和财政预算体制还存在一定的制度缺陷。比如，具有公共服务均等化作用的一般性转移支付占总体转移支付规模的比重相对偏小；而专项转移支付占比相对较大且名目种类多，管理的部门也多，但多部门之间缺乏沟通和信息共享，转移支付资金的使用不能形成有效合力，而且有些专项转移支付项目还要求地方政府提供配套资金，这进一步加大了地方政府的财政压力，尤其是基层政府的财政亏空。

概言之，当前中央财政对地方的税收返还和转移支付还不能满足地方政府的资金需求，客观上造成县乡政府无力提供有效的公共产品和公共服务，使得城乡之间、区域之间的公共服务均等化难度加大，或者地方政府为了提供必要的公共产品和公共服务而陷入过高负债状态。这严重影响了基层政府的正常运转和农村及县域经济的健康协调发展。

（3）财政支农机制不健全，“取走的多、给予的少”。

长期以来，在增长优先导向下，国家和政府高度重视工业和城市，而对农村、农业的支持力度不够，支农机制不健全，财政从农村“取走的多、给予的少”。

一是农村居民从财政部门得到的转移性收入少。从城乡居民的收入结构看，1990年以前，农村居民没有任何转移性收入，而城镇居民的人均年转移性收入已达328.41元。从20世纪90年代中后期开始，农村居民也逐渐获得财政转移性收入，但与城镇居民相比，农民获得的转移净收入水平还比较低。以2018年为例，城镇居民年人均可支配收入为39251元，其中转移净收入为6988元；农村居民年人均可支配收入为14617元，其中转移净收入仅为2920元。

二是财政农业支出占财政支出的比重低。新中国成立以来，我国财政对农村和农业的投入远低于对城市和工业部门的投入，在总财政支出中，该方面支出所占的比重也比较低，大多数时期只在10%以下，而且财政支农支出中的60%以上用于行政事业费方面，属于非生产性支出；而用于生产性的道路、水利等方面的投资则相对不足，农村基础设施建设投资占财政总支出和全社会固定资产投资的比重偏低，《预算法》所要求的每年财政农业投入增长率不低于财政收入增长率的要求并没有得到严格执行。与此同时，农村基础设施投资又存在多头管理、决策不科学、监督管理不到位等问题，造成有限的财政支农资金没有发挥应有的作用。

5.5.2.2 城乡二元税收制度的缺陷

新中国成立初期，为了筹集工业化发展所需要的启动和建设资金，我国政府不得不采用抽取农业剩余资金的方式来支持工业化发展。与此相适应，和其他国家不同，我国确立了按征税主体进行分类收税的体制：农业税由财政部门负责征收，工商税由税务部门负责征收，关税主要由海关部门负责征收。在这之后，我国也进行了几次税制改革，但每次都是城市和农村税收制度改革分别进行，单独考虑城市或农村的情形较多，而统筹考虑城乡经济社会发展的情形较少。比如，“一五”期间，为了促进重工业快速发展，国家给予城市的工业部门很多税收优惠措施，而对农业则实行比例税、累进税制度。1958年，国家分别针对农村税制和城市税制进行改革，使城乡分设税制的特征更加明显。此后，我国虽然经历了几次税收制度改革，但并未打破城乡分别实行不同税收制度的二元特征。在农业领域，主要设置农业税、农业特产税等税种；在城市工业和商业领域，则主要设置以工商税为主体的税种。即使2006年全国范围内已取消农业税，我国城乡分设税制的格局和城乡居民税负不公平的状况并未发生根本性改变，这在一定程度上制约了农民收入增长和农业产业结构优化。

（1）现行税制安排不合理，农民相对税负较重。

现行税收制度安排不符合国际上通行的税收能力原则。我国现行税制以增值税、消费税等商品劳务税为主体税种，这些税种从性质上看属于税负可以随着商品劳务的流通转让而转嫁的间接税，在边际递减规律作用下，高收入者承担的商品劳务税占其收入的比重一般比中低收入者低，而以农民为主的中低收入者则相对承担了较重的税负。相对城市居民而言，广大农村居民处于中低收入境地，主要靠提供劳务获得收入，相对税负较重。

现行税种中，虽然个人所得税这一税种理论上在促进收入公平分配方面的调节作用较强，但目前我国个人所得税存在制度设计上的内在缺陷，这不仅使其调节收入分配的功能难以充分发挥，还在一定程度上背离了公平目标。现行个人所得税制度实行综合与分类相结合的混合征收模式，虽然比之前的分类征收模式有所进步，但是各项所得之间的税负差异却造成了税负不公平。现行个人所得税制度将收入分为九类，除个人综合所得和经营所得适用七级超额累进税率外，其他很多项收入基本适用20%的比例税率。当前，我国大多数劳动性收入群体的收入来源主要是综合所得项目，高收入群体的收入多数来源于经营所得和股息、红利所得，劳动者适用最高45%的税率，而高收入人群反而适用20%的税率，这显然无法发挥“收入越高、纳税越多”的调节作用。比例税率的边际累退性使财产性收入份额越多的高收入纳税人承担的税负反而越轻，加上存在税收征管漏洞，大量高收入者往往采取多种措施避税，甚至偷逃税，既造成税款的流失和财源的减少，也加剧了居民之间和城乡之间的收入差距。由于个人所得税实行由从业者所在单位代扣代缴的制度，包括广大农民工在内的单一收入来源者、中低收入阶层和普通工薪阶层事实上成为个人所得税的主要纳税者，而且这种税负是无法转嫁的。

2006年我国全面取消农业税以后，农民表面上不再有显性的税收负担，实际上还承担着各种形式的“费”，包括乡和村收取的多种合理或不合理、常规或非常规的费用。如果把农民以各种形式缴纳的“费”看作个人所得税，那么在全部个人所得税中，农民所缴纳的占了绝大部分，大约为60%，而农民的全部纯收入只占城乡居民总收入的33%左右。长期以来，我国工农产品“剪刀差”的现象一直存在，可以把农民因工农产品价格“剪刀差”而遭受的损失看作一种隐性税负。进入21世纪以后，随着农业税的免除，需要农民缴纳的直接税表面上有所减少，但实际上农民依然承担着多种间接税以及形式多样的暗税，其税收负担远高于城镇居民。

（2）地方税制体系不健全，地方财力尤其是农村财力匮乏。

长期实行的统收统支、财权税权高度集中的财政管理体制具有很强的制度惯性，再加上渐进式改革模式选择使得我国1994年至今的分税制改革既不彻底又不健全，导致我国根本没有形成以省、市、县、乡政府为主体的多层次地方税体系。目前，我国地方税体系和制度建设方面的诸多缺陷明显制约着城乡统筹发展进程。一是税权管理过于集中，地方政府税收权限不完整。在目前的分税制下，税收的立法权仅归中央政府所有，地方政府并没有税收立法权，只有征收管理权及制定具体征税办法的权力，从而造成地方政府财政收入满足不了财政支出的需要。这不仅削弱了地方配置资源、调控经济的主动性，还易导致地方政府变通国家税法、越级减免税和滥用收费权，造成“税不够、费来凑”的现象。二是地方政府缺乏主体税种。在税种划分方面，我国的分税制改革把收入规模大且较稳定的税种规定为中央税和共享税，而把那些小、杂、散的税种划归地方。上级政府特别是中央政府集中了过多的财政收入，下级政府尤其是县乡基层政府则由于没有稳定、可靠的主体税种而缺乏履行职责必要的财力。比如，城建税和土地使用税属于地方税，但由于其征收范围比较狭窄且数额较小，地方政府并不能将它们作为主要收入。目前，由地方征收的税种不完整且税源较少，满足不了地方政府提供必要公共服务和调控经济发展的需要。在共享税中，由于税收分享比例划分不合理，划归地方政府的比例较小，在全国范围内不考虑区域发展差异而采取“一刀切”的做法，不利于税收调节功能的发挥，税收累退效应明显，城乡区域差距也很难缩小。

5.5.2.3 城乡基本公共服务供给制度的缺陷

长期以来，我国的财政分配存在偏向城市的现象，财政资源更多地向城市倾斜，对农村投入较少。这种财政配置格局导致我国农村基础教育水平和质量远远落后于城市，农村基础设施严重缺乏，农村居民的卫生健康、医疗养老等基本公共服务严重不足。党的十六大以来，随着公共财政的“阳光”不断洒向农村，农村居民从国家的惠民政策中得到了更多实惠，农村的路网、电网和通信设施等有了很大改进，农民所享有的基本公共服务也有所增加，但政府为城市和农村居民所提供的基本公共服务无论是在水平上还是在质量上都还有较大差距。城乡基本公共服务供给制度存在明显的缺陷，不利于城乡统筹发展。

(1) 公共服务供给制度偏向城市，城乡公共服务供给差距较大。

新中国成立后，由于特定国情和发展战略的制约，我国长期实行二元的城乡公共服务供给制度。城市的道路、交通、电网、饮水、通信、医疗、教育、卫生等基本公共服务大都由国家财政予以保障，其建设和运营维护所需资金主要通过政府财政来支出，市民基本上可以免费使用。而农村的相关公共服务则基本上由农民自己“买单”，即主要通过农民自己筹资筹劳建设或由社会资本出资建设后农民有偿付费使用。

近年来，国家虽然对城乡公共服务供给制度进行了一些改革，但公共服务供给制度安排仍然“重城市、轻农村”。城市地区的基础设施和公共设施比较齐全，供应水平远高于农村，经费主要依靠财政部门提供，且设有相应的公共产品管理机构来保障其顺畅运行。而农村地区的基础设施、公共设施等基本公共服务则相对短缺。2006 年取消农业税以后，很多地方县乡政府财源减少，财政困难，无力加大对农村公共服务的投入。虽然中央对地方的转移支付和民生支出在增多，但不少建设项目采取“中央财政拨款一部分、地方政府要有相应配套资金”的筹资建设模式，这严重影响到一些财力困窘的地方对农村公共品的供应积极性。尽管在中央将民生支出纳入地方政府政绩考核指标后，地方政府有了加大民生投入和对农村公共服务支出的内在动力与外在压力，但由于长期供应不足的欠账和数量众多的农村人口及困窘的地方财力，农民人均享有的基本公共服务水平和城镇居民相比仍然偏低。除了少数农村集体经济比较发达的地区，集体组织和地方政府能够向其成员提供较好的基本公共服务外，大多数农村居民至今仍没有享受到与市民均等的基本公共服务，农村的路网、电网和通信设施等建设仍需不断增加投人，城乡公共品和公共服务方面的差距依然显著。

（2）公共服务供给决策机制“自上而下”，城乡公共服务供需失衡。

目前，我国城乡基本公共服务供给的决策机制总体上是自上而下的安排，公共品供给的数量、种类及具体实施等多由上级政府部门以政策规定和规划安排的形式下达。这种决策模式常常会造成公共产品的供给偏离民众的现实需求，这种现象在农村地区时有发生。

在村民自治的制度安排下，村民或村民代表能够进行所谓的“一事一议”的通常只是一些临时性的或受益程度较小的村级公共服务产品，而在涉及面广且相对重要和长期性的公共产品供应决策上，农民很难有机会去直接表达自己的需求意愿。农村居民医疗保险、养老保险等制度设计和服务提供、乡村道路修建与改造、村镇发展规划等事务决策与管理，主要还是取决于政府意志。

在晋升激励下，政府及其代理人往往偏好提供那些见效较快、易出政绩的短期公共服务项目和产品，热衷于投资新建一些公共项目，喜欢建设那些看得见、摸得着的“硬”公共品，如道路、电网、垃圾集中收集处理设施等，而对那些有长远效益但见效慢、期限长的公共服务产品，需要维修的存量公共项目和农民急切需要的适用于农业科技推广、农业生产资料和农产品供求信息、农业和农村发展综合规划等的“软”公共产品则没有动力提供或供应不足，或通过相关机构的改革、转制与市场化运营，由农民付费购买一些必要的公共服务项目。这种公共品供应偏好及供应格局造成那些在短期内能凸显政府“政绩”的公共产品供给过剩，而符合农民切身需求且对政府投资需求量大、见效慢、作用期长的公共服务项目则供给不足。

5.5.3 财税制度的缺陷对城乡统筹发展的制约

5.5.3.1 制约农业发展和农民增收，影响城乡公平

近年来，我国各种财税制度都进行了改革，但在一定程度上还是优先保障工业和城市发展。国家也加大了对农业的投入力度，但与农业需求还相差较远，财政农业投资还相对较少，这导致农业发展滞后于工业，并进一步制约着工业发展和我国的工业化、现代化进程。政府对农村财政投资的不足，不仅导致农业生产条件和农村生活条件较差，还使得农村劳动力的受教育程度和素质普遍偏低；农业劳动者文化素质低又在一定程度上阻碍了农业技术的推广、普及和运用，以及农产品市场的开拓和农业产业化程度的提升，进而影响到农民的收入创造能力和农业现代化的发展。当前，我国农业现代化水平还处在初步发展阶段，距离基本实现农业现代化还有很长一段路要走；另外，还存在主要农产品的生产成本高于国际市场，粮食等大宗农产品的产量、进口量、库存量的“三量齐增”等问题，这都急需我国实现重大涉农政策的转变，尤其是要加大对农业的财政支持力度、改进农业支持方式。

公共服务供给偏向城市，导致农村公共卫生、基础教育、基础设施等公共品的供给不足和滞后。这一方面直接制约着人才、资金等资源向农村的流动，另一方面造成农村高素质青壮年劳动力、资金等生产要素的外流。这种状况又制约着农业现代化程度的提升和农民收入的有效增加，从而使得城乡居民收入、消费差距较大。农村卫生保健设施和相关知识的缺乏，导致农村劳动力的营养和健康状况相对较差，既影响农业劳动生产率的提高，又使农民的看病支出相对增加。城乡居民医保制度的建立与实施虽然在一定程度上提高了农民的医疗保障水平，但农村居民看病难、看病贵的问题仍然存在，“因病致贫、因病返贫”甚至“重病者放弃治疗”现象时有发生。农村老年人口的养老问题也不容乐观。尽管我国经济总体上有了很大增长，但城乡经济社会发展和居民收入、消费差距仍然较大，城乡居民并不能公平地分享改革发展成果。

5.5.3.2 分税制改革的不彻底造成财权和事权不对称，县乡基层财政困难

分税制改革以后，在全部财政收入中，中央财政收入所占比重在1994—2007年经历了一个不断上升的过程。2007年之后，中央财政收入占比逐年稳中略降，2010年为51.10%，2018年降为约46.61%；地方财政收入占比则在2007年以后开始稳步回升，2018年达到53.39%。由于省级以下政府之间的分税制改革不彻底，省级政府又尽可能集中财力、下放事权，造成县乡基层政府财权和事权的不对称。基层政府财源少、事权多，不得不依靠"土地财政"维持运转，这又造成农用地征用过程中对农民的补偿不足；或者基层政府通过各种名目的收费、增加负债甚至挤占教育经费、拖欠教师工资的形式来筹资，造成基层政府和老百姓的矛盾与冲突，社会不稳定因素增加。这种状况不仅会影响农村生产活动的顺畅进行，还会影响农产品价格及其竞争力，并给农村社会稳定带来不利影响。总之，我国的渐进式改革路径选择导致农业陷入"温饱陷阱"，分税制改革不彻底又造成县乡基层财政困难，财政对农业的保护和支持力度相对较小，使得我国农业发展缓慢。

5.5.3.3 阻碍农民工市民化及新型城镇化的实现，延缓城市化进程

改革开放以来，农业剩余人口向城镇的流动促进了城镇经济发展，以及城镇居民收入的增加。蔡昉（2000）指出，改革开放以来，农民工流动对经济增长的贡献在16%~20%；沈坤荣等（2011）研究发现，农村剩余劳动力流入城镇对城镇居民收入增加具有明显正效应，但农民工自身的权益和福利并没有得到与其贡献相应的社会重视，反而遇到较大的"社会排斥"和较难融入城市的问题。农民工被排除在流入地城镇基本公共服务体系之外，不能与该地区城镇户籍人口平等地享受基本公共服务和城镇化发展成果。

尽管党的十八大提出要加快新型城镇化发展，有序引导农民工市民化，实现城镇基本公共服务向常住人口全面覆盖，提高户籍人口城市化率等目标，但目标的实现却面临较大困难：一方面，由于农民工就业不稳定

及其他不确定因素的影响，农民工市民化的意愿和能力不强。随着流动人口的年龄结构变化与自然形成的代际更替，新生代农民工和第一代农民工在很多方面存在明显差异，尤其是在人口流动模式、价值观念、职业和岗位认同、生活及消费偏好等方面，新生代农民工对城市生活和非农就业更加向往，但其市民化进程却面临不少障碍，如高昂的房价，不健全的就业、医疗、社保制度和非均衡提供的义务教育、保障房等基本公共服务。另一方面，由于农民工市民化的基本公共服务成本分摊机制和体制不健全，地方政府缺乏将农民工纳入基本公共服务供应范围的积极性。即使地方政府愿意为农民工提供基本公共服务，其公共服务供应能力与水平不高的现实情况也使其难以做到，农民工住房保障和随迁子女教育等基本公共服务供应不足的问题尤为突出。以教育为例，由于户籍问题，流动人口子女往往很难在流入地接受正规的城镇学校教育，或者需要支付高额的借读费或择校费才能入学就读，有些地方尤其是北上广等大城市，还限制随迁子女在迁入地的考试资格，这既不利于实现教育公平，也会影响到国民素质的提升和科教兴国战略的实施。

第6章

城乡统筹制度安排的国外经验及借鉴

城乡统筹发展旨在通过对城市和农村的生产与生活进行整体设计、规划，有效协调两者的发展步调，构建出和谐的发展景象。城市发展相对比较快，而农村发展落后，这就需要更多地考虑农村，加大对农村、农业的支持力度，使城市和农村得以协调发展。纵观国外一些国家工业化发展的历程，我们发现这些国家有一个普遍性的规律，即它们都致力于城乡均衡发展，在制度安排上向农村、农民倾斜，保护农民的利益，使其在再分配中受到照顾，以此来缩小城市和农村的差距。本章主要对世界上一些发达国家和发展中国家在城乡统筹发展方面的成功经验进行归纳总结，为我国现时期城乡统筹发展提供指导和借鉴。

6.1 国外城乡统筹制度安排的实践

6.1.1 美国城乡统筹发展中的制度安排

美国很早就开始发展工业，在工业化过程中也曾出现城乡失衡问题，但美国采取了一系列措施，很好地解决了这些问题，促进了城乡和谐发展。美国主要采取了以下五项措施：

（1）增加对农村的财政投入，加大基础设施建设力度。早在20世纪30年代，美国就开始加大对农业的投资力度，到60年代时，共投资88亿美元，受益的农户有680万户，占全国农户数的68%左右。修建大型灌溉设施需要的资金多，往往由联邦政府投入一部分，剩余的再由州政府投入。一些小型灌溉设施需要的资金相对较少，农场主可以单独投资，也可以联合其他人一起投资，并能获得政府的补贴。为了增加农民收入，美国政府在对农产品进行保护性收购的同时，还制定了目标价格。1933 年，美国通过《农业调整法》制定了对农产品的价格支持政策，1996 年又做了修改调整，但始终贯彻一个原则，即通过对农产品价格的调控来促进农民收入增长。仅 2000 年一年，美国农民就获得了 100 多亿美元的财政补贴，主要用于减轻直接脱钩所造成的影响。

（2）建立农村商业医疗保险制度。早在 20 世纪 30 年代，美国就已颁布实施《社会保障法》，之后又不断采取措施健全社会保障制度，扩大社会保障覆盖范围。在农村，美国建立了商业医疗保险制度，农民大都参加了商业保险。而对一些年龄大的、贫困的农民来说，一旦患病，花费就很大，仅有商业保险是不够的，这时政府会为他们提供必要的医疗补助。不管是联邦政府还是州政府，每年在编制财政预算时都会确定国民生产总值中有多大比例是用于农村医疗保障方面。政府还制定实施了营养补助政策，免费为收入低的农户、妇女儿童提供一些食物。

（3）非常重视对农民工及其后代的教育培训。美国很早就出台了《人力开发与培训法》，并制定实施了其他相关的法律法规，农民工接受职业培训在法律制度上得以保障。美国政府也高度重视农民工子女的教育问题。从 20 世纪 60 年代开始，美国就针对流动儿童开展了一些教育扶助计划，比如专门为在不同城市上学的流动儿童建立了转移记录。对于农民工子女上学择校的问题，美国通过发放教育凭证来解决。学生家长拿着政府发放的教育券去选择学校，可抵扣上学的部分费用。凭教育凭证选择学校在一定程度上解决了流动儿童上学难的问题，即不管家庭经济状况如何，至少保证了每个孩子都有接受教育的机会。

（4）农村劳动力转移障碍少，居民迁徙不受户籍制度限制。在美国，南方黑人流动受到一定限制，但其他人口流动都是没有限制的，可以自由迁徙。迁移不是根据户籍所在地来登记，而是根据在哪个地方纳税来登记。美国法律不允许对人区别对待，不能因为户籍、性别等因素而歧视他人。比如，公司要招聘员工，在员工登记表中就不能有性别、家庭出身限制，尽量做到一视同仁。人口流动几乎没有制度障碍，劳动力转移加快，这在很大程度上促进了美国都市化的发展。

（5）实行有保障的农地制度。与大多数资本主义国家一样，美国的土地实行私有制，土地归私人所有，往往自有自营。美国政府对农地也拥有一定的权力，但不能干扰农场主对土地的正常使用权。美国法律对此是有明确规定的。政府要想使用农场主的土地，必须和农场主协商好，拿钱去购买，而不能免费征用。另外，农民对自己的土地是否转让、是否抵押等拥有完全的决定权，有权阻止任何外来力量侵犯自己的利益。在美国，很少发生土地纠纷事件，很重要的一个原因就是农民的私有土地产权界定清晰，使用权得到了很好的保障。

6.1.2 日本城乡统筹发展中的制度安排

在工业化进程中，日本城市和农村的差距也曾很大。20 世纪 30 年代，日本市民的收入是农民收入的 3 倍多，农村存在为数不少的剩余劳动力，却因一些原因很难转移出去。20 世纪 60 年代以后，日本政府开始重视城乡协调发展，并采取了一系列措施使城乡差距逐渐缩小。日本主要采取了以下五项措施：

（1）加大对农业的财政投入，高度重视农业基础设施建设。日本政府在 20 世纪 60 年代就颁布实施了《农业基本法》，随后不断加大对农业的投入，同时给予一定的价格支持。农业收入只占日本财政收入的 1%，但用于农业方面的财政支出超过 10%。20 世纪 90 年代，日本政府又增加了对农业方面的财政支出，平均每年以 13%的速度稳步增长。近年来，在农村基础设施建设上，日本政府加大了投入力度，每年的投资额高达 11000 亿日元。农村基础设施的修建和增加，在一定程度上促进了日本农村经济发展。在农村义务教育上，日本政府也增加了财政资金投入，使其与城市义务教育共同发展。到 20 世纪 80 年代，几乎所有的孩子都接受了高中教育，农村学生中有 40%都能考上大学，接受大学教育后，他们很快就进入农业以外的其他行业工作。

（2）建立与城市一体化的社会保障体系。日本在 20 世纪 40 年代中后期就已出台《生活保护法》，随后又颁布实施了《国民年金法》等法律法规，农村的社会保障制度由此建立。无论是社会保障覆盖范围，还是社会保障标准，农村与城市基本上是一样的。日本中央政府往往发布社会保障政策并提供一定的资金支持，具体措施则由地方政府实施。比如，在各个地方的每个村里，为使村民享受到具体的保障服务，地方政府会修建各种保障设施。在日本，农村居民大都有医疗保险和养老保险，这在一定程度上降低了农民到城市务工的成本，促进了劳动力转移。

（3）用制度保障农民工的就业权利，重视农民的职业教育。在日本，不管你的户籍是哪里，只要在城市工作，都实行终身雇佣制。为了促进农民工就业，并使农民工的权益获得应有的保障，日本政府制定了非常完善的劳动法律。1949 年和 1959 年，日本政府相继颁布实施了《紧急失业对策法》和《最低工资法》。《最低工资法》中规定，工人所获得的工资必须高于最低工资额，而不能低于最低工资额。为了使工人能及时足额地得到应得的工资，日本还实行政府垫款制，即本应该由雇主为工人交的工伤保险费，政府先行垫付，雇主后期再把这笔钱还给政府。农民外出打工没有一技之长是很难找到工作的，为此，针对农民的职业培训机构遍布全国各地，由日本政府出钱免费对农民进行培训。与此相适应，日本的很多企业和社会团体也响应政府号召，对农民进行相应的培训。日本农民的文化程度、技能水平得到很大提高，进而可以迅速投入城市工业化建设。

（4）户籍制度管理宽松，迁徙自由。日本的最高法早已规定，公民可以自由流动、迁徙。在日本，不管你的户籍所在地是哪里，你都可以在全国各地选择你想上的学校；只要雇主愿意雇用你，你可以在全国各地选择工作；你也可以到全国各地去买房子或租房子住，政府会为你提供与当地居民相同的福利。也就是说，在日本，择校、工作、居住等都和户籍无关。这种宽松的户籍管理制度有利于人口迁徙，不管你流动到哪里，都可以稳定地学习、工作、生活，没有户籍限制。

（5）不断推进农村土地制度改革，充分保障农民利益。20 世纪 50 年代初，日本就实施了《土地征用法》等相关法律，明确规定农村土地归农民所有。为了不使农民的利益受损，日本政府还对土地流转做了相关限制。20 世纪六七十年代，日本政府对《农地法》进行了修订，不再限制持有的土地面积，并允许收取地租。为了促进土地流转，日本政府于 1975 年颁布实施了《农振法》，其中就规定农民双方根据自愿的原则，可签订土地租借合同，租期 10 年以内，并可协商解除合同。这些改革措施不仅加快了土地流转、促进了土地规模经营，而且促使很多农民离开土地到城市工作，加快了城市化的进程。

6.1.3 韩国城乡统筹发展中的制度安排

在众多的亚洲国家中，韩国迅速崛起，实现了工业化。韩国在发展过程中，也曾出现城乡差距扩大的局面。为了走出困境，20 世纪 70 年代，韩国在全国各地开展了由政府主导的“新村运动”。该运动使韩国的工农失衡问题得以解决，城乡趋于一体化发展。韩国主要采取了以下五项措施：

（1）改革财政体制，加大对农村的财政支持力度。韩国的农业投资，主要是依靠政府的财政投入。在总的农业经费投入中，中央政府投入的资金占到 30%以上，地方政府投入的资金占到 20%以上，政府总的资金投入超过 50%。这些资金主要是向农业基础设施建设、农产品流通体系建设、农业科研推广等领域投入。1992—2002 年，政府投入农业的资金共 82 兆亿韩元，其中 62 兆亿韩元由中央政府投入，余下的由地方政府投入。20 世纪初，韩国还实施了一项计划，主要对农业和渔业结构进行调整：政府投入 470 亿美元的资金使农业结构得以优化，还投入 80 亿美元使农民生活水平得以提高。

（2）优先扶持农村基础教育，加强对农民的教育和培训。20 世纪 40 年代末，韩国政府就实施了小学义务教育制度，而初中义务教育全面开展则是在 2002 年。为了促进义务教育在农村的普及，韩国政府实行了向农村倾斜的政策，即教育资金首先向偏远的农村地区投入，而后才是城市。针对偏僻地区教育落后的情况，政府还颁布实施了《偏僻、岛屿地区教育振兴法》。同时，韩国政府在全国各地都设有专门培训农民的部门、机构，注重教育、培训农民，主要向农民传授地区开发、经营革新等方面的知识，以此提高农民的整体素质。

（3）在农村实行强制性医疗保险制度。从 1998 年开始，韩国政府就让农民参加强制性医疗保险，医疗保险在农村逐渐推广开来。医疗保险经费的一半由农民支付，另一半由政府支付。90%的农民参加了强制性医疗保险，覆盖面比较宽；10%的贫困农民因无钱而没有参加，政府会为这部分人提供必要的医疗帮助。通过实行强制性医疗保险，韩国在农村建立了比较完善的医疗保障制度。农民和城市居民一样可以享有医疗保障，像癌症这种医疗花费比较多的大病，现在也在保障范围之内，而且保障范围还在不断扩大。

（4）实行自由的迁徙制度。20 世纪 50 年代以后，韩国开始向工业化发展。在这个过程中，韩国出现了农村劳动力的转移。因为没有户籍限制，大量农民从农村转移到城市，可以自由地在城市工作、生活。由于韩国产业工人的薪酬相对较高，所以农民进城工作后的收入也较高，供孩子上大学已不成问题。到了 20 世纪 80 年代后期，很多农民工的孩子都相对比较富有，成为中等收入阶层，这使得韩国的社会结构比较稳定。

（5）加强土地管理，鼓励农户扩大土地经营规模。早在 1974 年，韩国政府就制定了《农地扩大促进法》，随后实施了“促进大面积山地开发六年计划”，以扩大土地规模经营。1994 年，韩国政府又颁布了《农地基本法》，允许农民持有的土地面积超过 45 亩，对土地买卖以及土地租赁的限制也有所放松，从而有力地推动了土地流转。为了促使土地更多地集中利用，韩国政府于 1997 年制定实施“农民退休支付计划”，其中明确规定，农户（年龄在 65 岁以上的）若把土地卖给或租赁给专业农民（租期超过 5 年的），政府即可给予其一定的财政补贴，每亩补贴 175 美元。

6.1.4 印度城乡统筹发展中的制度安排

印度作为南亚的一个发展中国家，与我国的发展历史有很多相似之处：同为人口大国，经历了长期的殖民统治，“二战”后经过几十年探索性改革走上了快速发展之路。印度虽然在整体经济实力上不如我国，但其在区域经济均衡发展、消除城乡对立等方面做出了大胆尝试，并积累了很多值得我国借鉴的成功经验。印度主要采取了以下五项措施：

（1）注重改善农业和农村的基础设施，提供资金支持和优惠政策。印度非常重视农村的基础设施建设，不断加大投资力度。在印度，政府投资建设农村的基础设施，不用农民出一分钱。比如，地方政府投资建设农村的电力和道路，中央政府和地方政府则共同投资建设农村的其他基础设施。截至2000年，印度全国共有60多万个村庄，已通上电的村庄超过50万个，通电率超过83%。为了使农村的各种产业都能很好地发展，印度政府还实施了一个"特别计划"。这个计划是针对100个最贫穷地区的基础设施建设而制定的。在这些贫困地区，政府不仅投资建设公路、电力，还积极投资建设互联网、通信网。对农村的中小企业，政府也给予了一定的优惠政策，如国家为其提供长期贷款，且贷款数额比较大，每年都在递增。

（2）逐渐建立、完善全民免费医疗保险制度。印度通过宪法保障了所有公民都可以享受免费医疗服务的权利。印度政府不断采取措施，使全民免费医疗保险制度逐渐普及和完善起来。政府的医疗保险体系覆盖面很广，全国各地都有，老百姓的医疗需要在很大程度上得到了满足，公立医院也为农民提供了免费的医疗服务。政府还加大了对农村医疗机构和服务的建设力度，根据农民人数来设置社区卫生中心，一个中心能满足10万居民的需要，病床有30张，医生有4人，各种检查设备基本上也都齐全。另外，还设有地区医院，一般两三家，患者在社区卫生中心治不好的，都可转送到此进行治疗。农村的这种医疗服务体系惠及大多数农民，印度农民同市民一样，享受免费的医疗服务，农民的负担有所减轻。

（3）大力推行农村社会保障制度，积极发展农村养老保险。印度老年农民若失去劳动能力，可得到政府的一定补贴；贫困农民若没有房子，政府会给予一定的房屋补贴；农村贫困家庭若有孩子要上学，可得到政府给予的教育补贴；贫困农民还可按政府规定的最低价格购买粮食。1988年，克拉拉邦政府制定了农村低收入工人无偿人寿保险计划，该计划的对象是收入低的农村工人，参加此保险不用交任何费用，到时会得到政府给予的抚恤基金，大概300卢比。此外，农村老人若年龄超过65岁，每年还可领到一定数量的养老金。随后，该计划在全国推行实施。这些措施在一定程度上使农民的生活有所保障，有利于社会稳定。

（4）通过立法来规范农民工的就业和服务环境。在印度，农民可以自由迁徙，可以从农村转移到城市去工作，也可以在城市落户安家。印度的《最低工资法案》规定了农民工的最低工资标准，雇主若违反该法案，必追究其法律责任。根据该法案，雇主要为农民工提供一定的路费，以保证农民工能正常地去上班，还要为农民工及其家人提供医疗保障，若农民工及其家属生病，可得到免费医疗。此外，农民工所得到的休假时间、加班工资和其他福利待遇都和当地工人一样，不存在歧视。

（5）印度政府不断改革农村土地制度。在印度，柴明达尔制度的存在严重影响了农村经济的发展。因此，从1948年开始，印度政府采取措施在全国废除此制度。首先，柴明达尔等大地主所拥有的土地收归国有，政府给予他们一定赔偿；其次，政府把这些土地按一定条件划分给原来一些没有土地的农民。此政策实行11年后，大约有300万农户分得了土地，共有620万英亩，占全国土地面积的38%。政府还颁布实施了《土地持有最高限额法》，使农户所拥有的土地保持在一定规模内，以免规模过大形成地主。印度实行的这些土地制度改革，大大提高了农民的生产积极性，促进了农村经济的发展。

6.2 经验及借鉴

前文所述的美国、日本等发达国家和印度等发展中国家在工业化发展过程中都致力城乡均衡发展，在制度安排上向农村、农民倾斜，保护农民的利益，使其在再分配中受到照顾，以此来缩小城市和农村的差距。这些制度安排与缩小城乡差距、实现城乡统筹的目标一致，在城乡统筹发展方面发挥了显著作用，促进了城乡协调发展。比如，由政府主导的“新村运动”，使韩国的农村逐渐发展起来，农民生产生活条件有了很大改善，城乡差距不断缩小，到2004年，城乡收入比仅为1∶0.84，实现了城乡经济的协调发展。面对城乡差距扩大的局势，美国政府也及时制定并实施了有利于城乡均衡发展的制度安排，让农民切实享受到国家和政府的帮助，农业由此走上了现代化发展的道路。20世纪60年代，美国农村的生活方式已和城市一样，农民的生活水平大大提高，现代化的家庭设施如洗衣机、小汽车等一应俱全。

实行适度向农村、农民倾斜的制度安排是城乡统筹发展的需要。已经实现城乡协调发展的国家，在城乡制度安排上，基本体现了这一原则，这为我国稳步推进城乡统筹发展提供了颇多启示。

（1）突出户籍制度的管理功能，增强农民的流动性。国外农民的流动比较自由，基本上没有户籍制度的限制。这些国家，有的甚至就没有户籍制度，即使有户籍制度，也仅是用来证明身份，农民并不会因户籍不同而面临各种歧视，其自由流动也不会因户籍不同而受到影响。在我国则不同，户籍制度一直是城乡统筹发展的主要制度障碍。我国户籍制度经过不断改革，虽已取消农业户口和非农业户口的划分，但原来不同性质户口上绑定的福利权益尚未完全剥离，户籍制度的隐形福利权益差异与阶层捆绑在一起，依然在一定程度上阻碍着农民的自由流动。我国户籍制度的设立及演化有着深厚的历史文化背景，适应了当时的社会经济发展状况和管理的需要，但随着社会经济的快速发展，户籍制度的改革落后于现实的需要。因此，我们要从国情实际出发，综合考虑人口与社会经济的发展状况，改革现有的户籍制度，建立城乡一体化的户籍管理制度，即突出户籍制度的管理功能，同等对待所有居民，消除户籍制度的福利资源分配不均和社会层级标识的歧视，从根本上促进城乡劳动力自由流动和有序转移。根据社会经济发展的规律，户籍制度与身份证的相互印证最终将演变为人口综合信息管理的现代化工具，其传统的与福利和身份挂钩的不公平标签将被取代。

（2）建立城乡统一的劳动就业制度，促进农民就业。城市和乡村只是地域上的不同，国外的城乡居民只有分工上的差异，在就业上并没有歧视性的待遇。这些国家的农民进城工作和城市工人一样，享有各种就业权益，不存在任何不公平的就业限制。世界各国的实践均表明，要使城乡协调发展，就必须保障城乡居民享有同等的国民待遇，拥有平等的就业权利和发展机会。近年来，我国农民的就业环境虽然有所改善，但阻碍农民进城就业的各种限制并没有完全消除，这在一定程度上妨碍了农村人口的流动。借鉴国外人口迁移和就业的经验，我国应建立城乡统一的劳动就业制度，彻底消除各种就业障碍；加大对农民的技术教育和技术培训力度，努力提高农民就业技能，改变劳资谈判中的被动地位；积极培育劳动服务中介市场，以市场劳动需求为导向，降低农民职业搜寻成本，有效合理地引导农民流动；积极推进就业福利制度改革，科学设计薪酬激励体制，在“同工同酬”原则下，改善农民工就业环境，包括生活居住条件、子女入学、跨地域医疗就诊等。

（3）改革农村的土地制度，赋予农民土地流转的权益。世界经济发展的规律表明，国家综合实力的提高应主要依靠第二、第三产业的发展，但农业的基础地位仍不可动摇。在城乡均衡发展过程中，各国都对农村土地制度进行了不同程度的改革，改革措施虽不尽相同，但都是为了使农民生活变得更好，使农村经济更快发展起来。世界各国的经验均表明，要促进农业发展，就必须对不合理的农村土地产权制度进行改革，因为只有土地产权制度完善了，农民的合法权益才能得到保障，才能激发农民的生产积极性，劳动生产效率才能提高。目前，我国的农村土地制度还不完善，存在所有权主体模糊、土地流动性差等问题，这使得农民得不到应有的合法权益，阻碍了城乡协调发展。为此，城乡统筹的重点之一就是要改革农村的土地制度，进一步规范农村土地的经营权，提高农业生产效率和附加值，以农村土地制度的变革来推动农业的发展，包括明确界定土地产权、完善土地流转制度等，切实保障农民的合法权益。

（4）拓宽社会保障覆盖范围，统筹城乡社会保障制度。社会保障制度作为“稳定器”，对社会经济的发展具有重要意义。世界各国的社会保障制度改革表明，当物质与精神文明达到一定程度时，国家和区域的发展必须遵守均衡、协调的策略，这就包括改革福利分配制度。在协调城乡关系时，这些国家都采取了一定措施来建立、完善农村社会保障制度。目前，我国农村社会保障制度覆盖面还较窄、保障水平还较低、保障项目也较少，远远满足不了农民的需求，不利于城乡统筹发展。像美国、日本等发达国家，以及印度等发展中国家，其政府对农村社会保障所负担的责任都远高于我国。另外，其他各国在加速城市化发展的同时，也在不断健全农村社会保障制度。我国正处于城市化快速发展时期，借鉴世界各国的经验显得尤为重要。我国城市和农村的社会保障水平差距较大，不可能将城乡社会保障制度立刻统一起来。为此，我们可以采取逐步并轨、分批实施的战略方针，不断拓宽社会保障覆盖范围，切实让利于民，让农村居民享受到社会经济发展的硕果。农村社会保障可以遵循养老、医疗、失业、教育、住房的顺序实施改革，提高保障水平，扩大覆盖范围，以保障农民的基本生活，解除农民的后顾之忧，在积极探索缴费制度、财政补贴制度和经费管理制度的基础上，不断缩小城乡社会保障间的差距。

（5）改革财税体制，统筹城乡公共产品建设。前述的几个国家，在农村公共产品的供给上，政府都承担了主要的责任，财政资金的投入规模和投资比例不断上涨。例如，美、日两国规定，联邦（中央）、州（都道府县）、地方政府（市町村政府）都负有供给公共产品的责任，在有效激励和惩罚制度下，其农村公共产品供给充足。从 1994 年开始，我国实行分税制，随后提供农村公共产品的责任也被下放给地方政府，但地方政府却由于资金短缺等问题不能很好地提供，很多都是靠农民自己供给，农民的税负十分繁重。在中央集权的政治体制下，我国还需要适当的财政分权，加快财税体制改革，通过扩权让利给予地方政府一定的激励，将财权和事权有效地联系在一起，确保农村公共产品和基础设施的供给。具体而言：①合理、科学地划分各层级政府的财政责任与权利，对事权和财权进行合理匹配，防止因政治上的集权、财政支出的分权导致基层政府经济管理职能不断弱化。中央财政的转移支付要与农村的实际需求相结合，确保资金精准到位，解决农村公共产品提供中的资金不足问题。②加强行政收费和税负管理，严格控制财政预算外收费，降低农村生产经营的税负成本，切实减轻农民负担。③完善地方税收体系，保证地方获得稳定、持续增长的可靠税源，从而提高农村基层财政自给率。

第 7 章

我国城乡统筹发展的路径选择

世界上许多国家在工业化发展过程中都曾经历城乡失衡，它们通过采取一系列改革措施，实行适度向农村、农民倾斜的制度安排，促进了城乡之间的协调发展和社会稳定。而我国目前的城乡统筹制度安排由于存在一些缺陷，在一定程度上阻碍了城乡统筹发展。因此，必须对制约我国城乡统筹发展的相关制度安排加以矫正，使之与城乡统筹目标一致，根据市场经济发展和城乡协调发展的需要，进行城乡一体化的制度再选择。

7.1 深化户籍制度改革，统筹城乡居民迁徙权

户籍制度阻碍城乡一体化进程的主要原因在于它的区域性与排斥性，即户籍制度与地区居民权利和基本公共服务挂钩，将外地居民排除在本地社会保障和公共服务范围之外。因此，破除户籍制度对社会保障和基本公共服务的区域性与排斥性约束成为该项制度改革的关键。在探讨破解户籍制度区域性与排斥性的策略时，需要在明确破解主导阻力及相互作用机制的基础上设计可行的执行方案。国务院曾于 2014 年发布《关于进一步推进户籍制度改革的意见》，从人口管理、户口迁移政策调整、农业人口及其他常住人口合法权益保障等方面，对户籍制度改革的路径与规划进行了全面阐述。户籍制度改革就是把适应我国城乡统筹发展战略和城镇化战略的需要作为基本目标，逐步剥离捆绑于现行户籍制度之上的城乡有别的各项利益分配和资源配置权利，还原户籍制度的社会管理功能，统筹城乡居民迁徙权。

7.1.1 完善户籍立法，建立中央与地方政府联动机制

改革户籍制度，统筹城乡居民迁徙权，不仅是推进城乡一体化战略的需要，也符合《宪法》之精神、公民之需要。首先，通过《宪法》来保障公民拥有自由迁徙的权利。自由迁徙权是公民享有的最基本权利，应将其写进相关法律法规，从法律层面予以保障，其他任何规定都不能与其相违背。其次，户籍管理应当法治化和标准化。应通过将统一标准的户籍管理制度法治化来确保户籍管理的规范化，消除户籍制度在区域或城市之间的不一致性，确保户籍管理有序、正常运行。最后，应从法律层面明确户籍制度改革中中央、地方及个人的成本分担机制，确保户籍制度改革的资金来源。我国应当加紧出台户籍相关法律法规，使户籍制度改革有法可依。

我国现行户籍制度改革采取的是地方政府主导改革的模式，这种模式虽然能在一定程度上消除现行户籍制度的某些弊端，但也带来了户籍制度改革的区域性、吸取优势人力资源、忽视弱势群体等问题，其根本原因在于地方政府的利益需求。作为理性的“经济人”，政府行为必然追求自身利益最大化。在财政资源有限和经济增长、人均 GDP 导向政绩观的冲击下，地方政府必然会将有限的财政资源投入到促进经济增长领域，并且在 GDP 增速稳定的背景下更倾向于排斥外来人口市民化需要。因此，在户籍制度改革过程中，必须建立和完善中央与地方政府之间的联动机制，并突出中央政府的全面主导作用。中央政府一方面需要增加刚性制度供给，规制地方政府在户籍制度改革进程中的“自利”行为；另一方面也需要加大与户籍制度改革相配套的就业等制度的改革力度，激发地方政府参与户籍制度改革的动力与能力。

7.1.2 建立土地制度与户籍制度联动改革机制

在我国户籍制度改革的实践中，出现了制度供给与制度需求错位的难题。鉴于我国特大城市在资源、环境等方面的制约，政府大力倡导农村人

口到中小城镇落户；但是，在制度实施过程中，出现了农村人口的“两头靠”“回流”等现象，其根本原因在于城市基本公共服务对农民的排斥性和农村土地制度对农民的强制性。因此，围绕农业人口市民化议题进行农村土地制度改革成为当务之急。这就需要从两方面下功夫：一方面，通过农村集体建设用地所有权、宅基地使用权和集体建设用地使用权确权登记，给农民拥有的土地权益以法律保障；另一方面，探索多种形式的农村土地承包权流转和农村住房与宅基地入市交易，唤醒农民的“沉睡资产”，提高其财产性收入，为农业人口市民化提供资本积累。

7.1.3 建立农民市民化的财政保障机制，提升中小城市吸纳功能

财政资金是实现农民工市民化和城乡基本公共服务均等化的重要保障。这就要求：首先，核实由原来按照户籍统计与预算转化为常住人口的基本公共服务保障所需财政资金总量，并且按照中央和地方事权划分原则，合理确定中央与地方政府所需承担的事权和资金总量；其次，建立与农业转移人口挂钩的财政转移支付制度，完善地方税务体系，保证在农业转移人口市民化问题上地方政府的财力与事权相匹配；最后，调整围绕农业转移人口市民化的财政支出结构，保证各级财政支出服从于、服务于农业转移人口状况。

中小城市逐渐成为我国农民工城镇化的主要载体，其功能完善程度直接决定着我国城镇化进程的速度和户籍制度改革推进的力度。为此，中央把调整建制镇、小城镇和中等城市的落户限制作为推进我国户籍制度深化改革的切入点；但在实践层面，由于我国中小城镇在功能、综合承载能力、经济实力、制度和政策等方面的不足，其户籍制度改革措施流于形式，广大农民工往往更倾向于涌向大城市而放弃在中小城镇特别是小城镇落户。为了顺利推进我国户籍制度改革，快速实现城镇化，我国中小城镇积极探索“资源—产业—人口”协同发展机制，力争做到立足资源现状决定产业发展，立足产业发展决定城镇人口和城镇体系。

7.2 改革农村土地制度，赋予农民土地流转权益

土地是农民最重要的生活资源，也是他们赖以生存的保障。在我国现行农村土地制度安排下，农民的土地并不能实现有效配置，而且农民权益容易受损，这在一定程度上限制了农村人口向市民的转变。因此，为了促进我国城乡统筹发展，农村土地制度改革势在必行。

7.2.1 改革农村集体土地所有制，确保农民土地权益

20 世纪 80 年代中期以后，许多专家学者将目光转向了农村集体所有制改革。迄今为止，主要出现了三种关于农村集体土地所有制改革的观点：①农村土地私有化。这种观点认为，导致农民权益经常受到损害的一个重要原因是农村集体所有制所导致的农村土地所有权主体虚置，所以将农村土地所有权直接划归农民所有是规避农村土地所有权主体虚化的可行之道；但是，这种观点与现阶段我国主流意识形态不符，而且实施成本过高，很多学者认为不可行。②农村土地国有化改革。这种观点认为，既然农村集体土地所有权主体已经被虚化，只是一种象征意义上的存在，那么可以把农村集体土地所有制改革为国有，在农村实施“国家永佃制”，但这种观点最重要的问题是农村土地国有化将给政府带来巨大的财政压力。③主流的观点仍然认为，应该坚持和完善农村集体土地所有制。农村集体土地所有制导致农村、农业和农民利益受到损害的一个重要原因是，没有一个主体能够真正代表农民来行使农村土地的所有权。因此，可以通过设计合理的乡村治理结构和委托代理机制来使农村特定的主体真正代表农村、农业和农民利益行事，这是一种可行的方案。

农村土地所有权主体虚化是阻碍城乡统筹发展的重要因素，因此，需要明确农村土地的所有权主体及权利。首先，应以法律形式确定集体土地所有权的主体是农民而不是地方政府。应该禁止各级地方政府部门干预农村土地的分配及流转等活动。农民作为集体土地所有制的权利主体，可以

行使对土地的各种权利；而地方政府只能对其进行宏观指导，绝不能代为行使权利，更不能以此谋取不正当利益。其次，通过《宪法》《农村土地承包法》等，从法律层面明确农村土地集体所有权主体的代表是农民集体，科学地界定其拥有的责权利，并且严格按照其权能边界行事。农民集体是指居住在某一行政村内的具有独立民事责任能力的全部公民，应由他们来共同决定农村的集体事务。但在现实中，因为种种原因，一些集体事务并不是由集体共同决定，而是由村委会或者村民小组来代为决定，这很容易让人错以为农村集体土地的所有权是属于村委会或村民小组的。因此，一定要建立相关的监督监察机制对村委会和村民小组代替农民行使的相关权利进行严格的约束。最后，要完善农村土地产权制度，使农民对土地的使用权、管理权保持稳定，而且必须保护农民对土地进行承包经营的各项权利。

7.2.2 完善土地流转制度，规范土地流转市场秩序

各级政府有必要设立土地流转专项基金，进一步通过各种措施激励农民进行规模化经营，并且在政策上给予扶持。比如，可以组织建立农村土地流转信息平台或者服务中心等，也可以建立农村土地交易市场，积极探索，勇于尝试各类农村土地使用权的流转方式，或者让农村集体土地的建设用地有序、合法地进入土地交易市场，允许其进行赠予、作价入股、出售、转让、交换等。另外，要采取措施建立长效机制来巩固和保障农民的利益，以解除土地流转后他们的后顾之忧。为了使农民放心转让土地，实现农村土地的规模经营，土地承包经营权的流转必须遵循合法、有偿、自愿的原则。进行土地流转和土地置换时，要保障农民的各项权益不受损害。对农村土地资源进行配置时，可以运用市场机制，充分发挥市场作用，如通过招、拍、挂等方式对各类农村集体建设经营用地实行有偿转让。

7.2.3 建立完善的土地市场体系，提高农用耕地的补偿标准

我国的《土地法》虽然几经修改，不断加大对耕地的保护力度，以促

进和保障农民的土地权益，但是现实中，城乡土地市场的价格差异依旧很明显，农村土地的定价还存在可商榷的空间。所以，建立科学的城乡土地价格市场体系尤为必要。第一，根据农产品价格、城市用地价格等多种因素合理评估农村土地价值，对农村土地征用给予合理的价格补偿。第二，对农民的补偿除了给予货币资本外，还应切实完善农民的就业及保障等福利制度，避免其在短暂的货币收益后沦落为“贫困人口”。第三，完善与征地相关的法律法规。政府征地必须依法进行。要加强对政府征地的监督管理，严格限制并定义公共利益，将政府征地的范围限制在公共利益的范围之内，改变目前出于非公共利益而强制性征占农村土地的情况。保障农民在政府征地过程中的权力，在法律法规框架允许的范围内提高农民的组织性，增强农民与政府合法讨价还价的权利。第四，土地市场的改革还需要与财税体制、城镇基础设施投资体制及地方政府融资体制等方面的改革同时并行，旨在保障民生与就业，维护农村稳定、农民利益。总之，土地价值的重新评估尤为重要，是发展中国家不可绕开的重要话题。

7.2.4 探索承包地有偿退出机制的政策供给，完善资金补偿机制

农户退出土地承包权主要有两种形式：一是完全退出土地承包权；二是“退权不退社”，保留集体成员资格。在探索农户有偿退出机制的政策供给时，需要同时考虑这两种形式。第一，选择渐进性改革模式。完全退出土地承包权，有利于减少农业人口，实现农村土地经营的规模化和专业化。然而，由于我国社会保障体系还不健全，完全退出土地承包权会导致部分农民失地亦“失业”，从而影响社会稳定，这就需要探索由初步的“退权不退社”，即只交还承包的集体土地而不退出村社集体成员资格，向完全退出村社集体成员资格转变的渐进性改革路径。第二，健全退出机制，明确退出的限制条件、程序等，加强对退出农户的资格筛查，只允许有稳定收入和住所的农民完全退出土地承包权。第三，完善资金补偿机制，探索中央政府和地方政府、村集体与企业合作支付补偿金的方式，如

采取先期向银行筹借垫付、后期偿还的方式，或引入有资金实力的承包企业、分期偿还等，拓宽补偿资金的来源和渠道。第四，明确土地退出后的用途。退出的土地必须归还村集体，由村集体统一支配，再按照因地制宜的原则，将退出的土地用于恢复耕地或生态改造。例如，在中部地区，实现土地细碎化地区的规模经营和长期流转；对于西部地区土地产值收益小、无人耕种的荒地，应由集体广泛回收退出土地、开展植树种草等，发挥“荒地”长期的生态效益。

7.3 建立城乡统一的劳动就业制度，促进农民就业

现行劳动就业制度的缺陷不仅不利于城乡劳动力资源的充分利用，而且在一定程度上阻碍了劳动力生产要素的合理流动，使得区域经济差距拉大，影响了城乡统筹发展。因此，必须改革目前的劳动就业制度，完善劳动力就业市场，理顺劳资关系，彻底解决就业限制、“同工不同酬”等制度缺陷，消除劳动力市场分割。

7.3.1 确立城乡统筹就业优先地位，明确政府责任

目前，在我国的就业管理中，统筹城乡就业仍处于边缘地位，并没有以统筹城乡为中心进行就业谋划，甚至某些地方政府对其理解比较片面，认为统筹城乡就业就是单一促进农村劳动力的对外转移。因此，应加强统筹城乡就业的优先地位，从顶层制度设计上重视起来，这样才能真正从农民利益出发，促进城乡一体化就业。把统筹城乡就业作为就业任务要求，指导就业向着统筹城乡就业的方向进行，主要体现在以下三个方面：①加强对统筹城乡就业的理解，摒弃消极观念，提高认知能力，主动统筹；②搞好就业工作规划，落实责任；③努力提高就业工作的执行力，加强监督，确保各项就业工作执行到位。构建城乡统一的劳动就业制度，既需要政府的高度重视，也需要市场和社会多方力量的配合。政府作为主导方，应在遵循劳动力市场资源配置的先决条件下，联合市场和社会多方力量，

形成互为补充的多元参与主体。简而言之，在实现城乡统筹就业的过程中，政府应做好以下四个方面的工作：①为劳动力市场良性运行提供对应的制度供给；②削弱市场的垄断势力，加强劳动力市场的良性竞争；③解决就业和劳动力转移中的信息不对称和信息不完全问题，减少劳动力就业培训中的外部性问题；④提供完善的就业公共服务，包括帮助农村弱势群体就业、促进农民工进城就业安居等。

7.3.2 构建城乡统一的就业准入制度，消除农民就业限制

一段时间以来，城乡隔离的就业市场对农民就业造成了一定的阻碍，对当时沉重的城市就业压力起到了缓解作用，但已经不符合现阶段我国的国情发展。经济发展需要大量劳动力的注入，"产业工人"成为进城务工农民的新称谓，表明城市已经逐步消除对农民的限制。到城市就业，不仅是农民自身的需要，也是城市发展的需要，而要促进农民的大规模流动就业，最重要的就是要构建无差异的劳动力就业市场，改善农民就业环境。因此，地方政府要根据经济发展和劳动力流动的客观规律，主动摆脱旧思想的束缚，积极创建良好的就业与用工环境，促进农民流动到城镇就业。建立城乡统一的劳动力市场、实现城乡劳动力公平就业的前提是改善城乡统一就业准入环境。这不仅需要政府改革原有的户籍制度，更需要摒弃专门针对农民工的多种约束证卡，放宽其进入城镇就业的条件，简化各种烦琐手续，消除有针对性的不合理收费和差异政策，打消农民进城打工的顾虑和担心，降低其非农就业成本。应同等对待城乡劳动力，在招聘、待遇、考核等方面统一要求，建立城乡统一的就业登记和用工管理制度。与此同时，政府尤其是地方政府要逐步纠正对城市劳动力的保护偏好，矫正其不公正的劳动就业制度安排，而对于农村劳动力，政府要转换职能，变管制为服务，为推进城乡劳动力平等就业提供一个公平、公正的平台，保证两者在劳动力市场上的平等关系，由劳动力市场自主发挥其配置作用，实现无障碍流动，提高流动效率。

7.3.3 建立城乡统一的现代就业制度，拓宽农民就业渠道

在建立城乡统一的就业制度安排上，政府可以按以下三个步骤进行：①统筹安排人力资源的开发利用，加强对城乡劳动力情况的核实，了解城乡劳动力资源的详细情况。比如，涵盖对象应包括地域不同的本地与外地劳动力，也包括身份不同的城乡劳动力，以及与之相关的教育、社保等信息。②制定实施城乡统一的就业规划，在已有的关于城乡劳动力的资源信息基础上，为促进当地经济社会发展，对各类劳动力的就业、再就业等进行统筹规划。③根据各种信息汇总提供政策保证，在就业管理服务、职业技能培训、权益保障和社会保障等方面做出统筹规划。在上述制度安排步骤的指导下，具体的实现路径更为多元化。为了更好地促进农民就业，政府需要完善以下各项配套措施：①为了扩大城乡统筹就业，大力扶持吸纳劳动力能力较强的中小企业，包括完善和建立中小企业创业服务体系，根据各地情况，制定一定的奖励措施，积极改善市场环境，给予必要的财政支持，同时加强对这些中小企业的指导和服务力度，帮助中小企业与大市场顺利对接，促使中小企业快速发展。②加大农业产业化发展力度，促进农民就近就业。尽管农民向非农产业的转移已成必然趋势，但农业产业化经营具备连接城市与农村、农民与市民、农业与工业的功能，通过有效整合城乡资源、加快土地流转、吸引资金向农业投入，可以吸纳一部分农民就地就近就业。因此，推动龙头企业发展、逐步完善农业产业化经营模式是现实之需。③推进城镇化建设，提高农民就业率。各地政府应根据自身的实际情况，积极打造优势产业，大力发展特色产业，提升本地产业竞争优势，加强农村服务业发展，扩大就业吸纳力，拓宽农民就业领域。

7.3.4 完善就业服务管理体系，降低农民就业成本

7.3.4.1 促进就业管理权力社会化

采取有效的就业规制方法，如授予行业组织更多权力等，对行业内企业进行管理。近年来，我国行业组织发展较为迅速，实力逐渐增强。行业

组织在协调企业和员工关系方面已进行较多尝试，但缺点是仍有较强的政治依附性、职能构成不合理等。政府应赋予行业组织更多权力来加强就业领域的规制，这样不仅能规避政府执法力度不足或信息不对称的问题，还能促进行业组织发展。政府通过行业组织进行管理的优化路径包括授权企业、培训机构、职介机构等行业组织进行管理和信息登记等。比如，行业协会可对企业在劳动力用工协议的规范及劳动时间的保证等方面进行评价，对劳动纠纷调解和仲裁的公正性等进行综合测评；培训机构的行业组织可对各培训组织进行定期审核和测评；职介机构的行业协会可负责对各职介所进行行业规范等。除此之外，政府需给予行业组织适当的资金扶持。

7.3.4.2 提高农民工的组织化水平

要建立城乡统一的劳动力市场，关键还是要提高农民工的组织化水平。即使相应的就业政策都已经完善，农民工如果仍以个体形式进行各种维权，效果并不会好，因为分散的农民工属于弱势群体，不能与强势的企业抗衡。农民工只有在重视自身利益的基础上组织起来，才能与企业进行各项权益的协商，而实现的途径就是加入工会，但农民工加入工会的前提是工会有能力良好运行并能维护农民工的权益。这就需要从各方面加强工会的职能和独立性建设，如确保工会领导由农民工选举产生、通过公共财政给予工会适当的资金支持等。

7.3.4.3 完善和共享信息网络

在现代社会中，信息是第一关键要素。因此，需要构建较为完备的信息网络，在统筹城乡就业的区域内，政府各有关机构及就业部门都是信息的来源。同时，农民工分布较广，跨城乡特点明显，这就需要信息网络对城乡的全覆盖，因此扩建就业信息服务节点、推广手机就业信息服务平台、发放务工服务手册等就显得尤为重要。从信息共享角度看，统筹城乡就业需要人事部门、社会保障部门、公安部门、财政部门、教育培训部门、医疗卫生部门等多方的协调。在就业工作的对接和协调中实现信息共享，不仅可以提高工作效率，还可以有效降低信息构建成本。

7.4 拓宽社会保障覆盖范围，统筹城乡社会保障制度

党的十八大把社会保障全民覆盖作为全面建设小康社会的重要目标，提出建成覆盖城乡居民的社会保障体系，要求社会保障制度改革坚持“全覆盖、保基本、多层次、可持续”的方针，以“增强公平性、适应流动性、保证可持续性”为目标。党的十八届三中全会进一步提出，要建立更加公平、可持续的社会保障制度，旨在改善基本民生和实现城乡之间基本公共服务的均等化，促进社会公平和正义。在我国人口老龄化加剧和城镇化进程加快的新形势下，社会保障制度改革要以实现社会保障全覆盖、保基本为优先目标，重视制度的顶层设计，全面统筹城乡社会保障制度，以增强制度的公平性和可持续性。

7.4.1 拓宽社会保障覆盖范围，强化社会保障功能

拓宽社会保障覆盖范围，就是要使社会保障体系中的社会保险和社会救助覆盖全体城乡居民，实现城乡居民在社会保障方面的权利公平，使城乡居民能够享受大致相同的社会保障。为了更好地发挥社会保障的社会“稳定器”功能，社会保障体系中的最低生活保障制度和基本医疗救助项目要优先发展，即逐渐提高最低生活保障的城乡覆盖范围和基本医疗救助范围，使处于贫困或疾病状态的城乡居民都可以得到救助，满足其基本的生活需求和医疗需求。这在很大程度上可以缓和社会矛盾，维护社会安定，为经济发展创造稳定的社会环境。此外，针对城乡居民的养老保险、医疗保险的保障范围及支付标准不一致等问题，要整合城乡居民的基本养老保险、基本医疗保险，实现进城务工农民工的基本养老保险和医疗保险与城市居民有效衔接，将失业保险、工伤保险的保障范围扩大到农民工和所有企业。增强社会保障体系中的社会保险功能，可以更好地照顾到城乡居民、农民工、国有企业职工和私营企业职工等不同群体的社会保障权益，发挥社会保障制度调节收入分配的功能，促进社会公平分配，从而弥

补不同阶层利益的横向分割和城乡居民收入差距较大等问题。扩大社会保险的范围，可以更好地发挥社会保障对收入再分配的调节作用，向低收入群体转移收入和确保城乡低收入群体的收入稳定增长，增强其消费能力并稳定其消费意愿，有效促进消费增长。

7.4.1.1 调整城乡居民最低贫困线标准，做到应保尽保

应根据各地经济社会发展水平和物价上涨的情况，调整城乡居民最低贫困线标准，对低于贫困线标准的城乡居民的最低生活保障，做到应保尽保。对于经济发展相对落后的中西部地区及地方财政确实有困难的边远山区，加大中央财政和省级财政的最低生活保障经费的资助力度，避免市、县级财政因支出不到位而难以维持最低生活保障的窘境。

7.4.1.2 扩大医疗救助的覆盖面，满足城乡居民的基本医疗服务需求

要在做好“新农合”和城镇职工（居民）医疗保险相互衔接的基础上，实现基本医疗救助和基本医疗保险的衔接。对符合医疗救助的对象，地方财政应提供多形式、多层次的救助，包括：参保费用主要由财政负担；财政资助城乡困难居民参保；对救助对象难以自己承担的基本医疗费用，经医疗保险补偿后，按规定由医疗救助基金给予补助，缓解城乡困难居民的医疗负担，筑牢基本医疗保险和医疗服务的保障底线。

7.4.1.3 扩大社会保险对城乡居民的覆盖范围

社会保险制度是社会保障制度的核心内容。统筹城乡社会保障制度的基本目标是将城乡居民平等地纳入其中，实现城乡居民的广覆盖，即将社会保险中的基本养老保险、基本医疗保险扩大到所有城乡居民，提高其统筹层次，将失业保险、工伤保险扩大到包括农民工在内的城镇职工，提高参保对象缴费的积极性。实现基本社会保险的广覆盖，要以农民工、私营企业的从业人员、灵活就业人员、城市“三无”人员为重点，积极推进他们参加养老、医疗、失业、工伤等各类社会保险。为适应农民工就业的流动性，将农民工纳入城镇职工的失业保险、工伤保险、医疗保险的体系内，可以解除其在不同地区就业、职业转换和遭遇工伤事故时的后顾之

忧，完善被征地农民的社会保险政策，实行先保后征，切实保障失地农民的合法权益。巩固个人账户和统筹账户相结合的缴费模式，明确各级财政在社会保险费用筹集中的支出责任，激励企业和个人缴费，加强社会保障制度对各方的激励约束作用，充实个人账户，健全个人多缴多得的激励机制。

7.4.2 统筹城乡社会保障制度，有效衔接城乡居民社会保障

统筹城乡社会保障制度是城乡统筹发展的重要内容之一。统筹城乡社会保障制度，就是要把农村和城市社会保障作为一个有机整体加以规划，逐步建立起覆盖城乡居民的社会保障制度，使城市居民和农村居民都能够享受到平等的社会保障服务。统筹城乡社会保障制度，一方面，要求把主要的社会保险项目的覆盖范围逐步扩大到农村居民，以缓解农村人口老龄化加剧带来的农村养老压力和农村基本医疗服务严重不足的矛盾，特别是把游离于城乡之间的农民工、失地农民纳入城市社会保障体系，顺畅衔接城乡社会保障制度；另一方面，要求建立城乡一体化的社会保障体系，构建社会化的社会保障资金筹集模式和城乡统一的社会保障管理体制，实现社会保障制度的公平和效率目标的统一。

发展城乡社会保障制度，旨在赋予农民与市民平等的社会保障权益，通过将农村人口全部纳入社会保障体系，化解农村人口市民化过程中面临的各种经济社会风险，稳定农村人口融入城市的预期，降低融入成本，促进农村人口彻底城市化，加快新型城镇化的发展。当务之急，首先，要统筹城乡居民基本养老保险和基本医疗保险，尽早解决农民工、在城镇就读的农村学生、被征地农民等群体的重复参保和参保地区转移问题。建立失地农民社会保障基金，由政府、集体、失地农民个人共同出资、合理负担。政府承担的部分可从国有企业增值收益中列支或安排专项财政拨款；农村集体承担的部分可从集体建设用地的补偿费用、增值收益和集体经济的经营性收入和积累中提取；失地农民个人缴纳的部分可以根据其实际经济状况在安置补助费中扣除。其次，适应新型城镇化过程中因农村居民身

份变化和职业转化所带来的社会保障关系的转移，实现社会保障制度的可衔接、可转移，即城乡居民无论在全国范围内的何地就业、居住，都可以实现社会保障权益的随身携带转移。要做到这一点，需要推进城乡之间、区域之间社会保障制度的有效衔接。目前，我国农村居民和城镇居民养老保险已合并实施，但还存在一些问题，特别是农村居民参加养老保险的意识和积极性不高。因此，中央政府需加大对农村养老保险的财政投入，使城乡居民养老保险真正衔接到位。在统筹城乡居民医疗保险方面，需要做好居民身份和就业情况发生变化时的医疗保险关系衔接。具体包括：①根据农民工市民化的进程，做好进城农民工变为新市民时新农合与城镇居民基本医疗保险的转移接续工作；②针对农村劳动力就业地区的变动，做好劳动力转移时基本医疗保险关系的转移或变更工作；③针对劳动者就业或身份变化，做好居民基本医疗保险与职工医疗保险的变更接续工作。

7.4.3 提高社会保障的社会化水平，公平分配社会保障资源

社会保障的社会化水平，从侧面反映出社会保障制度的完善程度和运用社会保障资金的扩张能力。受地区经济发展不平衡和城乡经济发展失衡的影响，不同地区的财政状况和农村集体经济发展水平参差不齐，不可避免地会影响到社会保障资金的筹集能力和统筹层次。我国的社会保障统筹层次较低，既无法公平保障不同地区、群体、城乡居民的社会保障权益，又使他们所享受的社会保障差距较大。为增强社会保障制度的公平性，必须改变我国社会保障在城乡之间、地区之间统筹程度偏低的格局，缩小社会保障水平的城乡差异。在中西部地区省级财政资源不足的情况下，优先提高农村地区和经济欠发达地区的社会保障财政投入和社会保障水平，同时不断提高社会保障统筹层次，逐步提高全体居民的社会保障待遇标准。根据经济社会发展状况和地方政府财政实力的增强，提高社会保障的统筹层次，使城乡居民、不同地区的居民可以更加公平地享用社会保障资源。

调整和提高社会保障项目的统筹层次，关键是要合理配置各级政府在社会保障经费筹集中的财政出资责任和社会保障经费的管理监督责任，建

立与事权划分相适应的中央和地方社会保障的支出责任。把涉及人数众多、具有明显公共服务性质且规模经济显著的养老保险和医疗保险的事权主要交由中央政府承担是基本趋势。基本养老保险涉及代内、代际的收入分配，是政府向全体公民提供的基本公共服务，由中央政府负责，便于发挥统筹和集中的优势。城乡居民基本医疗保险体现了分担与互助的特征，符合保险的大数法则，其风险分担水平要以覆盖程度提高为基础。因此，负责城乡居民医疗保险的政府层次越高，覆盖人群就越广泛，医疗保险的互济互助功能发挥得就越好。在全国范围内，应尽快实现城乡居民基本医疗保险的省级统筹，这样才能更好地实现基本医疗资源在城乡居民和不同人群之间的公平分配，并提高使用效率。提高城乡居民养老保险的社会统筹层次，实现基础养老金的全国统筹，可以更好地解决老龄化社会的社会养老问题。

7.4.4 建立统一的社会保障管理体制，实行社会化的资金筹集

为了更好地发挥社会保障制度的整体功能，还需要建立统一的社会保障管理机构和运行机制。经过社会保障管理机构的多次改革，我国社会保障管理体制已经形成了多个部门分头管理的局面，缺乏统一的决策机构，行政管理、业务管理、基金管理和监督管理部门没有完全分离，无形中降低了社会保障管理的效率和社会保障资源的利用效率。从我国目前社会保障管理的分工来看，人力资源和社会保障部以及民政部主要参与社会保障管理，还有其他多个部委进行协助管理。多头管理和管理专业化固然可以提高效率，但也加大了行政管理部门之间的协调难度和社会保障资金管理漏洞。目前，我国主管社会保险事务的人力资源和社会保障部下面设立了人力资源和社会保障厅，负责办理社会保险的相关事务，一定程度上实现了“政事分开”，即社会保障的统筹管理和业务经办分开。民政部目前还没有做到统筹管理和具体经办机构、功能的完全分离。另外，社会保障基金管理和监管部门没有分离，仍然由行政部门统一管理，不利于社会保障基金的安全运营。理顺社会保障管理体制，客观上要求建立统一的行政管

理机构和经办机构，在此基础上，加强社会保障基金的监督。首先，国家应出台《社会保障管理法》，加强对社会保障管理和运行的法律规范。同一类别的社会保障项目应交由一个部门集中管理，消除同一社会保障项目由不同部门分头管理或交叉管理的现象；将同一种社会保险项目交由一个机构统一办理并直接面向所在地区的城乡居民。其次，在民政部下设专门的经办机构，对社会救助建立专业化的实施机构，替代城镇居民委员会和农村乡村组织的代办机构，实现社会救助的“政事分开”。最后，健全社会保障资金的监督机制，成立专门的社会保障监督机构，具体对与社会保障工作相关联的职能部门进行全方位监管，并对相关职能部门的责权利和绩效进行考核，以保证社会保障基金正常运转。

稳定的社会保障资金是社会保障制度运行的先决条件和物质基础。为了促进社会保障制度的健康发展和稳定运行，要建立社会保障资金筹集的社会化机制。目前，我国社会保险领域基本上已经建立了社会保障资金筹集的社会化机制，即由政府、企业和个人三方共同承担社会保障资金的筹资责任。例如，城镇职工医疗保险、养老保险、失业保险等项目都是由企业和职工按一定比例共同缴纳，城乡居民医疗保险、农村养老保险项目也是由政府补助和个人缴纳来筹集资金。但是，在社会救助、社会福利等领域，所需资金筹集的社会化机制还很不完善，资金来源单一，几乎主要由省级政府财政资金支持。在一些地区，因经济发展缓慢和地方财政资金短缺，这些项目的保障水平偏低，不利于社会保障制度的可持续发展。构建社会化的社会保障资金筹集方式，重点是拓宽筹资渠道，鼓励个人、企业和社会团体积极捐资，夯实社会保障资金多元化的基础。建议制定《社会保障法》，稳定当前筹资模式，充分发挥非政府组织在社会保障资金筹集中的积极作用，引导企业主动履行社会责任，积极参与社会救助、社会福利等社会保障项目建设。

7.5 建立城乡统筹的财税制度，统筹城乡公共服务建设

统筹城乡发展是个大课题，需要协调配套的制度安排，其中财税制度

就是重要的制度安排之一，是重中之重。只有建立科学的、有利于实现城乡统筹发展目标的财税制度，统筹城乡发展才有可能通过政府、社会各方的共同努力真正实现。在促进城乡统筹发展过程中，应该发挥财税制度安排的支持、引导、规范、调节等功能，不仅要着眼当前，更要立足长远。

我国长期实行的是工业和城市偏向的制度安排，从农业、农村和农民身上“取的多、予的少”。我国已经进入工业化中后期的新发展阶段，在科学发展观战略指引下，必须采取适度的农村偏向政策，坚持工业反哺农业、城市支持乡村：近期要考虑农民的利益诉求，通过偏向农村的财税制度安排改变农业弱势、农村落后和农民收入低的状况，把以往对农村和农民的欠账补上；中长期要实现城乡财税政策和制度安排的一体化，构建科学、规范、法制化程度较高的财税体制和预算管理制度，促使城乡真正协调发展。

7.5.1 构建城乡一体的财政体制和财政制度

7.5.1.1 统筹城乡发展的财政体制必须遵循的原则

（1）要突出政府在促进城乡统筹发展中的主导地位和主导作用原则。在全国范围内，起主导作用的是中央政府；而在所辖区域内，起主导作用的则是地方政府。中央政府的整体主导作用是指基本的财税政策、法令必须由中央政府决定，要体现和坚持中央集权，这样才能较好地协调政府与市场、中央与地方、各地方政府之间以及各经济主体之间的利益分配关系。我国幅员辽阔，区域间经济社会发展和城乡发展差异较大，区域内也有一定的差异，所以地方政府必须结合当地情况，更加精准地出台和执行相关政策措施，也要有与其事权相配套的财权、财源和财力。这实际上是中央政府集权和地方政府分权之间的关系问题，二者相辅相成，既对立又统一，需要根据特定阶段的环境和条件，合理集权，适度分权，责、权、利要紧密结合。

（2）要遵循政府和财政引导、多元主体积极参与的原则。在促进城乡统筹发展过程中，一方面要充分和有效发挥政府的宏观引导作用；另一方面要尊重和遵循市场在资源配置方面的决定性作用，真正处理好政府和市场的关系，让企业、个人、社会团体与组织围绕市场信号、遵循制度规则、坚持利益导向去行动。要以一定的财政资金去带动社会资本和经营资本的有效组合与运作。

(3) 要坚持需求导向。发展的终极目标是人的发展，而对人的发展的关注最终要落实到满足人的需求上来。城乡发展环境和状况不同，城乡居民的需求差异必然存在。为此，政府在改革调整财税制度时，应考虑客观情况，科学制定规划，真正让广大城乡居民平等地分享现代化成果。

7.5.1.2 统筹城乡发展的财政制度改革措施

(1) 加强财税立法。通过建立健全各种财税法律法规，形成促进城乡统筹发展的法律保障，如《预算法》《债务法》《财政法》《转移支付法》《收费法》《税收基本法》《地方税通则》《农业投资法》《农村公共产品促进法》等。通过健全法律法规，改变实践中各级政府在资源配置等方面过度偏向城市的倾向，使地方政府能适度调整其城乡预算支出结构，结合当地条件推进城市化，加大其财政支农支出比重，落实“两个不低于”，进而通过农业自身的发展和城市对农村的反哺来缩小城乡居民的收入、消费等差距，促使城乡统筹发展。

(2) 深化分税制和财税体制改革，建立现代财政制度。要完善和深化分税制改革，使其在省以下各级政府间得到真正落实，实现“横向到边、纵向到底”的全覆盖，使省以下地方政府的事权和财权真正统一起来。要明确政府在现代市场经济中的职能定位，划清政府与市场的边界，在此前提下，进一步明确各级政府的财政收支权限。要加快县乡财政管理体制改革，明确界定其事权和支出责任。要增强县乡政府的自主能力，使其不过度受上级政府的直接控制，从而使各县乡政府能根据当地发展需要灵活安排财政支出，并注重提高财政支出的使用效率和效益。上级财政要减少甚至取消对县乡财政配套资金的要求，尤其是要足额安排财政困难地区的公共项目建设资金，切实减轻基层政府的财政负担。要进一步推进省直管县、乡财县管乡用等财政管理体制改革，有效减少行政层级和行政管理成本，提升县级政府的基本公共服务保障水平。要采取有效措施，化解长期积累形成的县乡债务负担，同时严防新债的产生。要适当下放税收管辖权，重构地方税体系，增强县乡政府的可用财力和公共服务能力。

（3）深化预算管理制度改革，规范政府收支。要规范政府的收入形式和收入规模，使各级政府具有适时、适度、科学的收入形式和国民收入份额，使其既能顺畅发挥相应职能，又不与民争利。还要优化政府财政支出结构，既不越位，又不缺位；财政资金既要花得少，又要花得好；动态保持财政收支的良好状况。

（4）提高财政支农支出比例，优化财政支农结构。经济发展的新时期、新常态下，要促进我国农村、农业发展，就必须增加对农村和农业的财政投入，切实加强对农业的支持与保护力度，有效提高财政支农比重和支农效益。要不折不扣地落实《中华人民共和国农业法》的相关规定，使我国的财政支农支出不仅要绝对额增加，还要相对量提高，尤其是中央政府要加大财政支农投入；同时，尽可能明晰界定中央政府和各级地方政府的事权及相应的财政支农责任，保证新增财政支出向农村和农业倾斜，保证财政支农支出的增长幅度不低于财政总支出的增长幅度。要优化涉农财政支出结构，尤其是增加对农业科技研究与推广、农业和农村基础设施建设与维护农村居民生活环境改善等方面的投入。近期要把农村道路的修建与管护、农田水利设施建设等作为投资重点。要有效整合各类财政支农资金，使有限的财政资金形成合力，避免出现“撒胡椒面”和多头管理、使用效益不佳等问题。

（5）健全、优化转移支付制度。科学的转移支付制度是中央政府进行宏观调控、促进不同地方政府之间基本财政能力均等化、调节并缩小地区经济社会发展差距的重要手段。在完善《预算法》和科学界定各级政府事权和支出责任的基础上，要根据农业和农村发展需要及财政可支配财力状况，适当加大转移支付规模和比重；同时，要不断优化转移支付结构，逐步减少税收返还，更多使用一般性转移支付，规范专项转移支付，强化转移支付的横向均衡统筹效果。要完善省政府以下政府间的转移支付制度，保证中央财政下拨的转移支付资金能够有效流向基层政府。省政府要切实考虑城乡统筹发展的需要及影响各地区财政收支水平的诸因素，科学分配转移支付的资金；同时，要改革财政管理体制，减少行政层级和转移支付的中间环节，降低行政管理成本，提高转移支付资金的使用效果和效益。要改革专项转移支付制度，逐步取消竞争性领域的专项和地方配套资金要求，清理、整合、规范专项转移支付项目与资金。要在调查研究和进行必要性、可行性分析的基础上，对各类专项转移支付项目进行科学设置。各类专项转移支付项目的申报和审批程序也需要进一步健全和完善，从而避免虚假申报、重复申报和挤占挪用项目资金等问题。要建立和完善专项转移支付资金的监督评价机制，增强项目公开、公示及资金分配的透明度，加大对项目申报与建设中重大违法违纪问题的揭露与惩治力度，提高专项财政转移支付资金的使用效益，力争实现资金使用效益的最大化。

7.5.2 建立城乡一体的税收制度

建立城乡一体的税收制度，就是要消除城乡二元税制、建立城乡统一的税收制度。要遵循公平税负与能力纳税原则，改变长期二元税制安排给农民带来的不公平待遇，建立城乡一体的以流转税和所得税为主的复合税制。

7.5.2.1 完善地方税收体系，保障地方政府财力

科学设置地方主体税种，赋予地方政府必要的税收立法权和税收管理权，尽量使各种财政收入的取得都有法可依且规范。国际经验表明，由于所处政治经济环境的不同，不同级别的政府所承担的职能有一定差异。通常，中央政府以宏观调控为主，地方和基层政府以社会管理和公共服务的提供为主。不同经济社会发展状态的区域政府的收入结构和主体税种选择也有差异：经济发展速度快、经济效益和人均收入较低的区域应该选择流转税作为主体税；经济发展速度快、经济效益和人均收入相对高的区域应该选择流转税和所得税作为主体税种；资源丰富但资源加工转化利用能力不强的区域可以选择资源税作为主体税种。我们应借鉴国际经验，并结合各地的实际情况，进一步明确地方政府的事权和支出责任，并据此确定其合理的收入规模和地方税体系，要确保地方政府能够拥有一些税源相对稳

定集中、税收征管便利或增收潜力比较大的主体税种。应完善地方税收体系，保证地方能获得稳定、持续增长的可靠税源，地方税中应以财产税、资源税等为主体税种。在中央和地方的共享税改革方面，为了使地方政府的财政收入能够稳定增长，建议遵循“税基分享、分率计征”的原则，中央政府在全国范围内统一确定税基，各级政府实行不同的税率分别计征。面对地方财政收不抵支的窘境，应允许地方政府适当发行一些债券，同时中央政府要加强对地方政府偿债能力与债务规模的监管与规范。只有保证了地方政府有可用财力，才能有利于其发挥提供公共产品与服务的功能。另外，还应逐渐探索、稳步推进城乡税制的一元化改革。根据我国当前及今后一段时期的现实国情，建议将农村耕地占用税、城镇土地使用税并入资源税，对农业企业和个人征收所得税，开征城乡社会保障税等。

7.5.2.2 改革税制模式，强化税收的调节作用

要逐渐改革税制模式，由原来分设工商税制和分别对生产、经营、流通环节征税的做法转变为统一的、主要对资源、所得和财产征税。适当减少对生产经营环节的征税，适当增加对资源使用、环境污染等方面的征税；通过合理的制度设计，增强税收对收入和财产的调控作用。应明确资源税的地方税属性，以发挥税收对地方政府培育税源和加强征管的激励作用。考虑到资源价格的上涨和地区资源禀赋差异，为了促进城乡统筹，可由省级政府行使资源税的征管权，还要合理设计省级政府对市县级政府的转移支付。

完善和强化税收调节政策与功能，缩小城乡居民收入差距。科学确定增值税基本税率和优惠税率，发挥其调节生产、消费、投资等活动和促进工农关系协调、城乡统筹发展的作用。调整消费税，尤其是扩大对高档消费品的征税范围和征税力度，适度提高那些影响环境和健康的消费行为的消费税率；对高收入者的奢侈消费行为征收特别消费税等。同时，要加快个人所得税制改革，完善综合与分类相结合的个人所得税制度，根据经济发展状况和居民收入变动情况，动态调整个人所得税的免征额标准，通过合理的税率和税级距设计，调节高收入者及中低收入者的税负。

7.5.2.3 优化涉农税收优惠政策

现行税收优惠政策对农业产业化发展的导向性不够强，应该调整和优

化相关税收优惠政策以促进农业结构调整和农业产业化发展。例如：对农产品初加工企业和深加工企业都应给予增值税税率优惠；为促进高素质人才向农业领域流动，对在农业企业就业的个人免征或减征个人所得税；减征农业企业的企业所得税；企业对农业基础设施的投资可以进行税收抵免；为促进外向型农业的发展和国际竞争力的提升，对涉农进出口企业的进出口税率实行优惠；为促进农产品的商品化和市场化，可免征农产品购销合同印花税等。为促进农地适度规模经营发展，对从事农业规模开发与经营的主体，应给予相应税收减免等。科学的制度设计和有效实施，有助于发挥完善的涉农税收优惠政策在促进农业产业化发展、现代农业产业体系构建、新型农业经营组织培育等方面的积极作用。

7.5.3 实现城乡基本公共服务的均等化供给

城市偏向的制度安排致使我国农民的公共产品和公共服务享有水平远低于城市居民。近年来，尽管经济发展战略和相应的制度安排已经开始转变，公共财政的“阳光”开始洒向农村，但城乡基本公共服务的非均等化供给仍很明显，尤其是在基础设施、义务教育、公共卫生等方面。因此，必须加快公共产品供给体制的改革，尽快实现农村与城市、农民与市民享有基本均等的公共产品和公共服务。

7.5.3.1 建立政府主导、多元主体参与的农村公共产品供给机制

公共产品消费的非竞争性和非排他性决定了政府和财政要担负起提供公共产品这一基本职能，但这并不排斥其他供给主体的参与。国际经验表明，多元化的公共品供给主体不仅能克服特定时期政府财政资金不足、公共品供给能力有限的局限，还能促进公共产品供给质量和效率的提升。在我国当前农村公共产品供给相对不足的情况下，政府一方面要改变以往那种农村公共品主要由农民自筹自建的做法，切实加大农村财政支出的规模和比重，加强农村基础设施和生活设施建设，尤其是政府必须全部担负起农村纯公共产品的供给责任；另一方面要积极发挥财政资金对社会资金的引导作用，根据农村和农业领域公共产品的不同特点，探索相应的公共产

品资金筹集和保障机制，通过合理的制度和机制设计，引导企业、个人和第三方组织等多元主体共同参与，逐渐建立农村公共产品的多元化供给体系。除此之外，还要创新农村公共产品服务体系，探索特许经营、财政补贴、外包、政府购买、公私合作等多种公共品供给模式。对一些准公共产品，如农田道路、水利等基础设施、人畜饮水工程等，可采取政府直接投资或补贴、政策扶持和吸引社会力量及其他形式的资金进行建设；对于农产品市场供求信息、农业职业教育等，可在政府的主导下，通过积极培育竞争性的市场环境，引导市场提供，从而解决服务供给总量不足和供需错位等问题。

7.5.3.2 尊重公民主体意识，不断完善城乡公共服务供给决策机制

当前，我国城乡公共服务供给决策体制整体上属于“自上而下”的决策模式，这一模式对广大城乡居民对公共产品和公共服务实际需求的重视和考虑不够，导致公共产品供给过剩和供应不足状况并存，这在农村地区公共产品供给上表现得尤为突出。为了提高公共服务供给的效率和质量，必须改革公共服务供给决策机制，建立起自上而下和自下而上相结合的决策模式，让城乡居民参与到公共品供给决策中来，将公共服务的消费选择权交给广大需求者，从而使公共服务供给尽可能反映并符合城乡居民对公共服务需求的数量和质量要求。

要积极推进政务公开，健全政府信息公开渠道与平台，将政府打算提供哪些公共服务、准备怎样提供以及估计的提供服务的成本等信息及时公开，方便居民开展客观评估并做出合理选择。要健全公共服务需求表达机制和决策监督机制，引导和鼓励城乡居民参与社区和村集体组织的公共事务决策活动，使居民对公共事业建设与公共服务提供有选择权和表决权，以提高公共服务供给的效率和效益。要不断培育和增强公众的民主法制意识和公民意识，强化公众对公共资源的分配使用等公共事务的监督管理。要建立健全公共服务供给的评价制度与反馈机制，加强与之相关的法律和法规建设，通过制度和法律保障公共服务体系不断完善，进而促进其服务质量与效率的不断提高。

参考文献

［1］马克思，恩格斯．马克思恩格斯选集（第1卷）［M］．中央编译局，译．北京：人民出版社，1972：222-223.

［2］杜能．孤立国同农业和国民经济的关系［M］．吴衡康，译．北京：商务印书馆，1986.

［3］埃比尼泽·霍华德．明日的田园城市［M］．金经元，译．北京：商务印书馆，2000：2.

［4］刘易斯·芒福德．城市发展史——起源、演变和前景［M］．倪文彦，宋俊岭，译．北京：中国建筑工业出版社，1989：383-386.

［5］威廉·阿瑟·刘易斯．二元经济论［M］．施炜，等译．北京：北京经济学院出版社，1989：1-44.

［6］景普秋，张复明．城乡一体化研究的进展与动态［J］．城市规划，2003（6）：30-35.

［7］顾益康，邵峰．全面推进城乡一体化改革——新时期解决“三农”问题的根本出路［J］．中国农村经济，2003（1）：20-26，44.

［8］陈锡文．城乡统筹解决“三农”问题［J］．城乡建设，2003（5）：36-38.

［9］陈希玉．论城乡统筹［J］．发展论坛，2003（10）：50-52.

［10］鞠正江，张益刚，等．论“统筹城乡经济社会发展”的丰富内涵和对策措施［J］．济南市社会主义学院学报，2003（3）：65-68.

［11］马珂．城乡统筹发展评价体系的构建及应用［J］．城市问题，2011（8）：10-17.

［12］刘奇，王飞．论统筹城乡经济社会发展［J］．中国农村经济，2003（9）：4-11.

［13］韩俊．由城乡分割走向城乡协调发展［J］．江苏农村经济，2004（11）：16-19.

［14］石忆邵．实施统筹城乡发展战略的意义与对策［J］．农业经济问题，2004（2）：61-62.

［15］陈钊，陆铭．从分割到融合：城乡经济增长与社会和谐的政治经济学［J］．经济研究，2008（1）：21-32.

［16］田新民，王少国，等．城乡收入差距变动及其对经济效率的影响［J］．经济研究，2009（1）：107-118.

［17］章元，刘时菁，等．城乡收入差距、民工失业与中国犯罪率的上升［J］．经济研究，2011（2）：59-72.

［18］叶兴庆．关于促进城乡协调发展的几点思考［J］．农业经济问题，2004（1）：14-18.

［19］章国荣，盛来运．城乡居民收入差距扩大化及对策［J］．调研世界，2003（8）：6-9.

［20］郭讳．城乡差距扩大的表现、原因与政策调整［J］．农业经济问题，2003（5）：10-13，79.

［21］张丽艳，李雪艳，等．论统筹城乡发展的制度障碍及对策［J］．辽宁工程技术大学学报，2005（3）：252-254.

［22］李禄俊．城乡统筹视野下的户籍制度改革新探［J］．求实，2010（S2）：142-144.

［23］王元璋，盛喜真．实施城乡统筹就业的制度障碍及变迁路径［J］．当代经济研究，2003（8）：14-16.

［24］赵芳．城乡统筹发展背景下农民工就业问题研究［J］．社会科学家，2010（8）：49-52.

［25］耿卫新．城乡基本公共服务均等化：破解城乡统筹发展的突破口［J］．河北学刊，2011（5）：199-204.

［26］韩俊．统筹城乡经济社会发展，改变城乡二元结构［J］．红旗文稿，2003（12）：14-18.

［27］钟甫宁．农民问题与农村人力资源开发［J］．现代经济探讨，

2003（9）：3-6.

［28］景天魁，唐钧．他们在创建就业的“天堂”——对杭州市构建社区劳动保障工作平台体制创新的调查［J］．中国就业，2003（9）：13-17.

［29］罗斌，殷善福．论城乡就业统筹的必要性［J］．农业经济问题，2001（9）：35-38.

［30］陈文科，宋伟，等．构建统筹城乡发展长效机制的几个问题——以湖北省为案例的研究［J］．农业经济问题，2011（7）：10-15.

［31］许经勇．壮大县域经济是解决“三农”问题的重要途径［J］．福建论坛，2003（9）：44-48.

［32］刘志澄．统筹城乡发展，壮大县域经济［J］．农业经济问题，2004（2）：4-6.

［33］顾益康．统筹城乡经济社会发展，加快农村全面小康建设［J］．农业经济问题，2003（4）：9-14.

［34］宫晓霞．缩小城乡居民收入差距与建立农村社会保障制度［J］．东岳论丛，2006（3）：176-178.

［35］叶金国，仇晓洁．中国农村社会保障财政资源配置问题及对策研究［J］．东岳论丛，2015（4）：127-131.

［36］葛蕾，陶小马，等．地方财政金融、城市化与城乡收入差距实证［J］．中国人口·资源与环境，2015（9）：93-99.

［37］范泽春．开展专业合作，推进产业化经营——四川省珙县农民专业合作经济组织的调查与思考［J］．农村经济，2004（6）：52-53.

［38］颜华．城乡协调发展离不开合作经济组织［J］．中国合作经济，2004（6）：45-46.

［39］许经勇．解决“三农”问题的途径——农村工业化与城镇化［J］．经济纵横，2003（12）：8-11.

［40］许毅，柳文．农业产业化与城镇化的几个问题［J］．中南财经政法大学学报，2004（1）：3-10.

［41］吴海峰．建设社会主义新农村的十个结合［J］．中国农村经济，

2006（1）：23–27.

［42］张晖．我国统筹城乡发展模式的反思及矫正建议［J］．中州学刊，2012（6）：40–44.

［43］肖冬连．中国二元结构形成的历史考察［J］．中共党史研究，2005（1）：21–31.

［44］凡勃伦．有闲阶级论［M］．北京：商务印书馆，1964：139.

［45］道格拉斯·诺思．制度、制度变迁与经济绩效［M］．上海：格致出版社，上海三联书店，2008：3–6.

［46］科斯 R，阿尔钦 A，等．财产权利与制度变迁［M］．上海：上海三联书店，1994：253，329.

［47］柯武刚，史漫飞．制度经济学［M］．北京：商务印书馆，2000：35.

［48］卢现祥．新制度经济学［M］．武汉：武汉大学出版社，2004：144.

［49］世界银行．全国产品和要素市场分割：经济成本和政策建议［R］．世界银行驻中国代表处备忘录，2004：231.

［50］中共中央文献研究室．十六大以来重要文献选编（下）［M］．北京：中央文献出版社，2008：139–155，835–851.

［51］中共中央文献研究室．十七大以来重要文献选编（上）［M］．北京：中央文献出版社，2009：668–690，822–836.

［52］中共中央文献研究室．十七大以来重要文献选编（中）［M］．北京：中央文献出版社，2011：164–172，978–980.

［53］中共中央文献研究室．十七大以来重要文献选编（下）［M］．北京：中央文献出版社，2013：49–61，725–739.

［54］中共中央文献研究室．十八大以来重要文献选编（上）［M］．北京：中央文献出版社，2014：93–108，702–716.

［55］中共中央文献研究室．十八大以来重要文献选编（中）［M］．北京：中央文献出版社，2016：273–290.

［56］中共中央 国务院关于落实发展新理念 加快农业现代化 实现全

面小康目标的若干意见［EB/OL］.（2016-02-29）. http：//www. gov. cn/gongbao/2016-02/29/content_ 5045927. htm.

［57］陆益龙．户籍制度改革与城乡关系的协调发展［J］. 学海，2001（6）：57-61.

［58］范建刚．我国“户籍改革陷阱”的形成及其破解［J］. 思想战线，2012（5）：37-42.

［59］肖海英．论我国户籍制度功能的异化及其回归［J］. 浙江社会科学，2004（3）：121-124.

［60］王文录．我国户籍制度及其历史变迁［J］. 人口研究，2008（1）：43-50.

［61］余佳，丁金宏．中国户籍制度：基本价值、异化功能与改革取向［J］. 人口与发展，2008（5）：23-32.

［62］袁媛．我国户籍制度改革中的路径依赖研究［J］. 农村经济，2015（1）：19-23.

［63］王美艳，蔡昉．户籍制度改革的历程与展望［J］. 广东社会科学，2008（6）：19-26.

［64］王海光．当代中国户籍制度形成与沿革的宏观分析［J］. 中国党史研究，2003（4）：22-29.

［65］许经勇．城乡户籍制度下的农村城镇化与“农民工”［J］. 财经研究，2003（12）：50-54.

［66］程贯平，马斌．改革开放以来我国劳动力市场制度性分割的变迁及其成因［J］. 理论导刊，2003（7）：21-23.

［67］张建武．城乡统筹就业问题研究［J］. 中国农村经济，2001（8）：41-46.

［68］李建中．发挥政府在构建进城农民工人力资源开发机制中的主导作用［J］. 唯实，2012（5）：37-41.

［69］刘媛媛．我国农村劳动力转移中的制度变迁［J］. 商业时代，2012（27）：105-107.

［70］人力资源和社会保障部关于修改《就业服务与就业管理规定》

的决定［EB/OL］.（2014-12-29）. http：//www. mohrss. gov. cn/gkml/zcfg/gfxwj/201412/t20141229-147458. html.

［71］李保民．我国城乡就业一体化的路径转换及其优化方向［J］. 当代经济研究，2009（7）：33-38.

［72］姚程．城乡统筹解决农民就业研究［D］. 哈尔滨：东北农业大学，2007.

［73］栾娜．我国城乡统筹就业问题研究［D］. 北京：北京交通大学，2009：21-23.

［74］乔明睿，钱雪亚，等．劳动力市场分割、户口与城乡就业差异［J］. 中国人口科学，2009（1）：32-42.

［75］陈际华，韩振燕．论构建城乡统筹的公共就业服务体系——以农村剩余劳动力转移为视角［J］. 甘肃社会科学，2009（1）：212-214.

［76］刘翠霄．天大的事：中国农民社会保障制度研究［M］. 北京：法律出版社，2006.

［77］国家统计局．2018年国民经济和社会发展统计公报［EB/OL］.（2019-02-28）. http：//www. stats. gov. cn/tjsj/zxfb/201902/t20190228_1651265. html.

［78］郑功成．从城乡分割走向城乡一体化（上）——中国社会保障制度变革挑战［J］. 人民论坛，2014（1）：66-69.

［79］何文炯．改革开放40年：中国养老保险回顾与展望［J］. 教学与研究，2018（11）：16-24.

［80］2018 民政事业发展统计公报［EB/OL］. http：//www. mca. gov. cn/article/sj/tjgb/201908/20190800018807. shtml.

［81］张林江．如何保证粮食增长的趋势延续下去？［J］. 国家行政学院学报，2013（5）：97-102.

［82］朱巧玲，甘丹丽．加强城乡基本公共服务均等化制度建设是农民市民化的关键［J］. 改革与战略，2014（1）：1-5.

［83］中华人民共和国农业部计划司．中国农村经济统计大全（1949—1986）［M］. 北京：中国农业出版社，1989：410-415.

［84］王朝才，傅志华．新时期农村公共财政支出框架建设［J］. 经

济研究参考，2004（74）：2.

［85］古建芹．推进城乡统筹发展的财税政策研究［M］．北京：人民出版社，2015：161.

［86］蔡昉．中国二元经济与劳动力配置的跨世纪调整——制度、结构与政治经济学的考察［J］．浙江社会科学，2000（5）：18-22.

［87］沈坤荣，余吉祥．农村劳动力流动对中国城镇居民收入的影响——基于市场化进程中城乡劳动力分工视角的研究［J］．管理世界，2011（3）：58-65.

［88］贾婷月．新型城镇化、利益分配关系与财政支出责任研究［J］．财政研究，2015（12）：44-49.

［89］李燕凌，曾福生，等．农村公共品供给管理国际经验借鉴［J］．世界农业，2007（9）：19-22.

［90］马晓河，蓝海涛，等．工业反哺农业的国际经验及我国的政策调整思路［J］．管理世界，2005（7）：55-63.

［91］王习明，彭晓伟．缩小城乡差别的国际经验［J］．国家行政学院学报，2007（2）：98-101.

［92］张晴，罗其友，等．国外城乡统筹发展的做法与经验［J］．中国农业资源与区划，2009（2）：76-80.

［93］李林杰，石建涛．日韩城乡统筹发展的经验借鉴［J］．日本问题研究，2008（4）：1-5.

［94］张晓雯，陈伯君，等．统筹城乡发展的国际经验——兼论对成都市的启示［J］．农村经济，2009（2）：122-126.

［95］邓常春．印度政府对农业的支持及其成效［J］．南亚研究季刊，2005（4）：14-17.

［96］胡苏云，滕文．印度医疗制度及其对中国的启示［J］．社会科学，2007（11）：83-89.

［97］张文镝．简论印度农村的社会保障制度［J］．当代世界与社会主义，2008（6）：184-187.

［98］国务院关于进一步推进户籍制度改革的意见（国发〔2014〕25

号）[EB/OL].（2014-07-30）. http：//www. gov. cn/zhengce/content/2014-07/30/content_ 8944. htm.

[99] 郭小燕. 中小城市和小城镇功能提升研究——基于农业转移人口市民化的视角 [J]. 开发研究，2014（2）：37-41.

[100] 路振华. 基于资源、产业、人口协同的小城镇发展模式研究 [J]. 经济体制改革，2014（5）：58-62.

[101] 黄红华. 统筹城乡就业中的政策工具选择与优化 [D]. 杭州：浙江大学，2009.

[102] 安琨. 中国城乡劳动者平等就业制度研究 [D]. 哈尔滨：黑龙江大学，2009.

[103] 李迎生. 农村社会保障制度改革：现状与出路 [J]. 中国特色社会主义研究，2013（4）：76-80.

[104] LEWIS W A. Economic development with unlimited supply of labor [J]. Manchester School of Economic and Social Studies，1954（5）：139-191.

[105] FEI C H ，RAINS G. A Theory of economics development [J]. American Economic Review，1961（51）：533-565.

[106] RAÚL PREBISCH. The economic development of Latin America and its principal problems [J]. Economic Bulletin for Latin America，1962（1）：1.

[107] GUNNAR MYRDAL. Economic theory and under-developed regions [M]. Gerald Duckworth，1957.

[108] MCGEE T G. The emergence of desakota regions in Asia：expanding a hypothesis [M] //GINSBURG N. The extended metropolis：settlement transition in Asia. Honolulu：University of Hawaii Press，1991.

[109] DOUGLASS M. A regional network strategy for reciprocal rural-urban linkages：an agenda for policy research with reference to Indonesia [J]. Third World Planning Review，1998，20（1）：1-33.

[110] MURATA. Rural-urban interdependence and industrialization [J].

Development Economics, 2002, 68 (1): 1-34.

[111] THOMAS H, FAN Z. Labor market distortions, rural-urban inequality and the opening of China's economy [J]. Evonomic Modelling, 2006, 23 (1): 76-109.

[112] WHALLEY, JOHN, ZHANG S M. Inequality change in China and (hukou) labor mobility restrictions [J]. National Bureau of Economic Research Working Paper Series, 2004 (8): 10683.

重要术语索引